NOTICE

SUR

LA VILLE ET LE CHATEAU DE CLISSON,

ORNÉE

DE TROIS JOLIES GRAVURES.

Prix : Un franc.

NANTES,
FOREST, IMPRIMEUR-LIBRAIRE,
QUAI DE LA FOSSE, N° 2.

1841.

NOTICE

SUR

LA VILLE ET LE CHATEAU

DE CLISSON.

NANTES, IMPRIMERIE DE FOREST.

NANTES, IMPRIMERIE DE FOREST.

Thiénon del. — Piringer sc.

Vue de l'entrée du Château de Clisson, du côté de l'Esplanade.

NOTICE

SUR

LA VILLE ET LE CHATEAU DE CLISSON,

ORNÉE DE JOLIES VUES DE CLISSON.

NANTES,
FOREST, LIBRAIRE, QUAI DE LA FOSSE, 2.

1841.

NOTICE

SUR

LA VILLE ET LE CHATEAU DE CLISSON.

Clisson est si remarquable par son antique château et les souvenirs qui s'y rattachent, par les sites enchanteurs de sa Garenne où l'on croit voir encore errer l'ombre d'Héloïse, par ses cascades, par ses rochers entassés les uns sur les autres et qui attestent les grandes secousses du globe, qu'il n'est pas un étranger, venant voir Nantes, qui ne consacre au moins un jour à ce pays si pittoresque qu'on l'a nommé le Tivoli français.

Clisson n'est éloigné de Nantes que de vingt-huit kilomètres, et la route qui y conduit est une véritable promenade.

On quitte Nantes en suivant la longue ligne des ponts et traversant ainsi tous les bras de la Loire. Les points de vue dont on jouit du pont de la Magdeleine et de celui de Pirmil, tant en remontant qu'en descendant le fleuve, sont ravissants.

Après le pont de Pirmil, vient le faubourg Saint-Jacques. C'est dans ce faubourg qu'est l'hôpital-général du même nom, vaste et superbe édifice, construit en 1833 sur les plans de MM. Douillard frères, et l'un des plus beaux hospices qu'il y ait en France. Cet hôpital sert de maison de retraite pour les vieillards, de depôt pour les orphelins et de maison de santé pour les aliénés.

A l'extrémité du faubourg Saint-Jacques est la route de Poitiers. C'est celle qu'on suivra jusqu'à Clisson. Cette route présente constamment à droite et à gauche de belles campagnes et par fois de fort beaux points de vue.

Un peu avant le bourg du Pallet (19 kilomètres de Nantes), on passe auprès des murs de l'ancien parc de la Galissonnière (à droite de la route), et l'on aperçoit au fond du parc les ruines du château qui fut incendié pendant les terribles guerres de la révolution. Ce château était autrefois la demeure de Barin de la Galissonnière, lieutenant-général des armées navales de France, si connu par la victoire qu'il remporta, en 1756, sur la flotte anglaise commandée par l'amiral Byng, victoire qui assura aux Français la conquête de l'île Minorque. Ce marin célèbre qui joignait aux talents supérieurs de son état des connaissances très-variées se plaisait au retour de ses longs voyages à transporter dans son parc des végétaux étrangers dont quelques-uns vivent encore.

Un kilomètre plus loin que la Galissonnière, est le bourg du *Pallet*, longue rue à l'extrémité de laquelle, et tout-à-fait isolée, se trouve l'église. C'est au Pallet que naquit, en 1079, Abeillard, si célèbre par ses amours avec Héloïse. Béranger son père habitait une maison dont on voit encore quelques débris de murailles rasées presque à fleur de sol, dans une vigne derrière l'église. On prétend que c'était un château très-fort, dont on ne connaît pas l'époque de la construction, mais qu'on sait avoir été détruit vers l'an 1420, pendant les guerres qu'occasionna l'attentat commis sur Jean V, duc de Bretagne, par Marguerite de Clisson. L'église paroissiale du Pallet a vraisemblablement servi de chapelle au château qui lui était contigu. Le voyageur doit faire un pélerinage à ces vieilles ruines qui n'ont à la vérité d'autre intérêt que les souvenirs qui s'y rattachent. Il en a le temps pendant que la voiture s'arrête au Pallet; ces ruines sont sur le bord de la route et la voiture ne peut passer sans que le voyageur la voie.

En sortant du Pallet, une descente rapide conduit au ruisseau de la Sanguèse, auquel ses bords escarpés et ses débordements subits ont vallu le nom de torrent. La route qui traverse la Sanguèse était autrefois interrompue, pendant tout l'hiver, par des inondations fréquentes qui rendaient ce passage très-difficile, souvent même périlleux. M. Cacault obtint du gouvernement la construction d'un pont qui subsiste encore et sur lequel on a érigé un obélisque en l'honneur du citoyen qui fit revivre Clisson de ses cendres, et le pont a été nommé Pont-Cacault.

On ne découvre Clisson que lorsqu'on est sur le point d'y arriver.

CLISSON, petite ville très-ancienne, chef-lieu de canton de l'arrondissement de Nantes et d'une population de 2,400 âmes, est située dans cette partie du pays qu'on nomme le Bocage. Cette contrée diffère, par son aspect, et plus encore par les mœurs de ses habitants, de la plupart des provinces de France. Le Bocage, comme l'indique son nom, est couvert d'arbres ; on y voit peu de grandes forêts ; mais chaque champ, chaque prairie est entourée d'une haie vive qui s'appuie sur des arbres plantés irrégulièrement et fort rapprochés ; ils n'ont point un tronc élevé ni de vastes rameaux ; tous les cinq ans, on coupe leurs branchages, et on laisse une tige de quatre ou cinq mètres. Ces enceintes ne renferment jamais un grand espace. Le terrain est fort divisé ; il est peu fertile en grains ; souvent des champs assez étendus restent longtemps incultes ; ils se couvrent alors de grands genêts ou d'ajoncs épineux ; toutes les vallées et même les dernières pentes des coteaux sont couvertes de prairies. Vue d'un point élevé, la contrée paraît toute verte ; seulement, au temps des moissons, des carreaux jaunes se montrent de distance en distance entre les haies. Quelquefois les arbres laissent voir le toit aplati couvert de tuiles rouges de quelques bâtiments, ou la pointe d'un clocher qui s'élève au-dessus des branches. Presque toujours cet horizon de verdure est très-borné ; quelquefois il s'étend à deux myriamètres. Les chemins du Bocage sont tous comme creusés entre deux haies ; ils sont étroits, et quelquefois les arbres, joignant leurs branches, les couvrent d'une espèce de berceau ; ils sont bourbeux en hiver et raboteux en été. Souvent, quand ils suivent le penchant d'une colline, ils servent en même temps de lit à un ruiseau ; ailleurs ils sont taillés dans le rocher et gravissent les hauteurs par des degrés irréguliers : tous ces chemins offrent un aspect du même genre. Au bout de chaque champ, on trouve un carrefour qui laisse le voyageur dans l'incertitude sur la direction qu'il doit prendre, et que rien ne peut lui indiquer. Les habitants eux-mêmes s'égarent fréquemment, lorsqu'ils veulent aller à quelque distance de leur séjour..... Le territoire est divisé en métairies : chacune renferme un ménage et quelques valets. La vente des bestiaux forme le principal revenu, et c'est surtout à les soigner que s'occupent les métayers..... Les habitants du Bocage sont doux, pieux, hospitaliers, charitables, pleins de courage et de gaîté ; les mœurs y sont pures ; ils ont beaucoup de probité. Jamais on n'y entend parler d'un crime, rarement d'un procès.

Clisson (*Clissonium* ou *Clichia*) est situé à vingt-huit kilomètres de Nantes, au confluent de la Moine et de la Sèvre Nantaise ; cette ville dépendait jadis de la seconde Aquitaine, et, avant la division de la France en départements, elle était la limite de la province de Bretagne, qui, sur la rive gauche de la Loire, touchait au Poitou et à l'Anjou par le pays que l'on appelait les Marches franches du Poitou et de Bretagne. Aujourd'hui Clisson est encore à l'extrémité du département de la Loire-Inférieure, dont Nantes est le chef-lieu, et son territoire forme le point de jonction de ce département avec celui de la Vendée au sud, et avec celui de Maine-et-Loire à l'est.

Le château de Clisson, autrefois très-fortifié, bâti sur un roc au bord de la Sèvre et en face de l'embouchure de la Moine, était encore regardé, au XVIIe siècle, comme un des remparts de la Bretagne ; il domine cette cité, et fut le berceau et le principal fief de l'illustre maison dont il porte le nom. La ville, élevée sur des collines et sur des rochers de granit qui encaissent les deux rivières de la Sèvre et de la Moine, produit, par ses constructions dans le goût des *fabriques* italiennes, des tableaux pittoresques qui rappellent particulièrement les sites de Tivoli. — Les deux petites rivières qui arrosent ce pays fertile, prennent leur source dans deux départements limitrophes ; la Sèvre [1] commence au-dessus de Châtillon, dans la commune de Beugnon, arrondissement de Niort (Deux-Sèvres), et la Moine, dans la forêt de Vezins, à l'étang de Péronne (Maine-et-Loire). Elles roulent l'une et l'autre à travers des roches de granit qui opposent des obstacles continuels à la rapidité de leur cours. Dans la

(1) La Sèvre se jette dans la Loire à Nantes, après un cours de vingt lieues, et la Moine se jette dans la Sèvre à Clisson.

Moine, ces accidents forment à chaque pas de superbes cascades; mais dans la Sèvre, qui est beaucoup plus large et plus profonde, la grande différence des niveaux produit des cataractes d'un effet imposant; elles animent, par leur bruissement, ce silencieux paysage dont l'aspect agreste donne l'idée des premiers âges de la nature.

Clisson possédait, avant la révolution, une haute-justice qui ressortissait au présidial de Nantes; elle renfermait cinq églises paroissiales: Notre-Dame, la Trinité, Saint-Gilles, Saint-Jacques et la Madeleine-du-Temple, qui était une commanderie de l'Ordre de Malte. Il y avait deux prieurés, l'un à la Trinité, l'autre à Saint-Jacques, et Notre-Dame avait un chapitre de chanoines qui fut fondé le 5 février 1407, par testament du connétable de Clisson, qui dota cette collégiale de sa terre et baronie de Montfaucon, ne se réservant pour lui et ses successeurs que la collation des prébendes et bénéfices; il fonda également à Clisson le couvent des Cordeliers, par un codicille en date du 6 du même mois. Il existait aussi un couvent de Bénédictins, appelé le monastère de la Trinité, fondé, en 1105, par des moines Augustins; mais ces moines ayant été réunis par la suite aux opulents Bénédictins de Vertou, ils cédèrent cette maison à des religieuses de leur ordre, qui la possédèrent jusqu'en 1789, époque de la suppression en France de toutes les communautés religieuses.

Un hôpital augmentait encore le nombre des édifices de cette petite ville ; mais, en 1793, l'insurrection vendéenne ayant fait de cette contrée le théâtre d'une des plus affreuses guerres civiles qui aient jamais ensanglanté la France, Clisson, qui était au centre de cette guerre, y prit une part très-active, perdit beaucoup d'habitants, et fut entièrement réduite en cendres.

Il est difficile de dire quelque chose de positif sur l'existence ou l'importance que pouvait avoir Clisson avant le Ve siècle. Cependant on assure que les Romains ayant tracé une route qui allait de *Condivicnum*, aujourd'hui Nantes, à *Limonum*, Poitiers, cette voie antique passait par Clisson, Tiffauges, Mortagne et Bressuire, ce qui prouverait suffisamment l'existence de cette petite ville du temps de la domination romaine dans les Gaules. On remarque d'ailleurs, en comparant les diverses divisions géographiques faites par les empereurs Auguste et Adrien, que le pays de Clisson devait faire partie de la Gaule Aquitanique, dont il ne fut probablement détaché pour servir de frontière à l'Armorique, et depuis à la Bretagne, que vers le temps où les Wisigoths pénétrèrent dans l'Aquitaine.

Le château de Clisson, dont on voit actuellement les ruines, fut rebâti en grande partie, en 1223, par Olivier Ier, sire de Clisson, sur l'emplacement qu'occupait l'ancien manoir de sa famille, et cet antique manoir avait lui-même autrefois remplacé les fortifications élevées dans le Bas-Empire; on croit que ces fortifications avaient été détruites par les Normands, dans les courses que ces barbares firent dans ce pays depuis le commencement du IXe siècle jusqu'au milieu du Xe, ou par des guerres féodales dont l'histoire ne nous a pas conservé le souvenir. Ce même Olivier Ier fit également entourer la ville de fortes murailles : Clisson devint dès-lors une place régulière; elle arrêtait les armées formidables, et celles même de nos jours ne l'eussent pas méprisée si l'on eût entretenu ses fortifications. Le connétable, cent cinquante ans après, fit achever et augmenter ces remparts; et le duc de Bretagne, François II, les fit entièrement réparer en 1464.

Le sire de Clisson, Olivier Ier, s'était croisé, en 1218, avec plusieurs chevaliers et seigneurs bretons. Il est probable que ce fut à son retour qu'il fit construire cette forteresse dans le genre de celles qu'il avait vues en Syrie et sur les bords du Jourdain : car il est bon de remarquer, à cette occasion, que la plus grande partie des châteaux bâtis en Bretagne du temps des croisades, ne tiennent en rien au style gothique qui régnait alors ; c'est de l'architecture mauresque ou sarrazine dans toute sa pureté ; le plan, l'élévation et les détails de celui de Clisson ont complétement ce caractère : on a même remarqué que les profils et la forme des créneaux et des mâchicoulis étaient parfaitement semblables à ceux du château de Césarée dans la Palestine, vulgairement appelé la Tour des Pélerins.

Dans les siècles antérieurs à celui où les progrès de l'artillerie firent entièrement changer le système de défense des places fortes, le château de Clisson était regardé comme un chef-d'œuvre de fortification, et les ingénieurs de nos jours l'admirent encore. Son plan est irrégulier, et cette irrégularité est moins l'effet de la nature du terrain que celui d'une combinaison savante qui en défendait l'approche et la sape ; aussi, dans les divers siéges qu'il soutint, les armées, qui ne purent s'en emparer par capitulation, furent obligées, après de vains efforts, d'en lever le siége ; et, pour le battre en brèche, le canon ne fut d'aucun secours à Henri IV et au duc de Mercœur ; leurs boulets échouèrent contre des murs de seize pieds d'épaisseur, fondés sur un roc de granit.

La principale porte du côté de la ville était masquée par un bastion ; cette porte, du plus beau caractère d'architecture mauresque, est accompagnée de hautes murailles qui se prolongent jusqu'aux tours qui en flanquent les extrémités, et ces belles lignes produisent l'effet d'une superbe décoration théâtrale.

Olivier Ier ne donna d'abord à ce château que cette seule entrée ; mais il pratiqua plusieurs poternes et issues masquées, ouvertes sur la campagne par de nombreux souterrains, qui, dans ces temps reculés, étaient une des principales défenses des forteresses ; et aux XIIIe et XIVe siècles le château de Clisson était célèbre en ce genre, au même degré que ceux d'Auray, de Josselin, de la Roche-Derrien, de Chantocé, de Derval, de Chanteauceaulx, de Craon et de Châteaubriant, illustrés dans les temps de la chevalerie par tant de brillants faits d'armes. Outre la double enceinte de murailles et de fossés qui entouraient le château du côté de la campagne, on y ajouta encore, vers la fin du XIVe siècle, des bastions, des remparts, et un large fossé extérieur, avec une contrescarpe et des glacis. Il est probable que ces ouvrages modernes furent élevés au temps des guerres de la Ligue; car l'histoire de Bretagne fait mention qu'à cette époque les états firent considérablement fortifier ce château, et que, jusqu'à la pacification d'Angers, ils y entretinrent une forte garnison. Cette place aurait été susceptible, de nos jours, d'être encore avantageusement défendue avec de l'artillerie; mais un abandon de près de deux siècles avait déjà mis ces fortifications en état de ruine, lorsqu'en 1793 l'armée républicaine, dite de Mayence, s'en étant emparée de vive force, acheva de les détruire; et quoique cette forteresse fût alors ouverte de tous côtés, et qu'elle n'offrît plus qu'un amas de décombres, les troupes s'y réfugièrent néanmoins, et pendant la durée de cette guerre elles en firent une place d'armes, où elles n'éprouvèrent jamais les funestes résultats de ces attaques subites et terribles, si familières aux Vendéens. Pour éviter toute surprise, on plaçait une sentinelle sur la principale tour; elle pouvait facilement, de cette hauteur, découvrir l'approche de l'ennemi et donner l'alarme; car de cette tour, la vue se porte à plus de quatre myriamètres de rayon.

Ce château n'était pas moins fortifié dans l'intérieur qu'à l'extérieur; et pour pénétrer de vive force dans la dernière cour où se trouvaient les bâtiments qui servaient à l'habitation seigneuriale, il fallait d'abord se rendre maître de deux bastions et du donjon : ces fortifications intérieures étaient également défendues par des fossés, des poternes, des mâchicoulis, des ponts-levis et des herses ; mais, depuis longtemps, la végétation s'est emparée de toutes ces constructions abandonnées, et la crête de ces vieux murs est actuellement revêtue de masses de chèvrefeuille, de rosiers, et d'autres arbustes odoriférants dont les fleurs retombent en guirlandes sur ces décombres qui rappellent tant de souvenirs.— Dans le bastion de la première cour on remarque deux ormes qui ont plus de quatre mètres de circonférence, et qui couronnent majestueusement ces hautes murailles ; les branches énormes de ces arbres vénérables, que la nature a produit d'elle-même et par hasard, se sont fait jour à travers des créneaux à demi-ruinés ; et ces ouvertures gothiques, qui lançaient autrefois tant de traits meurtriers, sont ombragées aujourd'hui par de superbes rameaux que le vent agite et balance mollement dans les airs.

Ce château fut confisqué, en 1420, par Jean V, duc de Bretagne, sur la famille de Clisson, et possédé, jusqu'en 1480, par la maison régnante de Bretagne. A cette époque il fut donné, par le duc François II, à François d'Avaugour, son fils naturel; mais cette maison s'étant éteinte, en 1746, par la mort de Henri-François de Bretagne de Goello, comte de Vertus, baron d'Avaugour, le prince de Rohan-Soubise hérita d'une partie de cette terre : non-seulement il n'eut point le désir de visiter ce château, mais il renonça même à l'habiter; et à peine fut-il en possession, qu'il en fit vendre tous les meubles et transporter ailleurs les archives. Tous les logements furent alors donnés gratuitement à divers particuliers, qui les occupèrent jusqu'à l'incendie de 1793, où tous les bâtiments modernes que les seigneurs de la maison d'Avaugour avaient fait construire furent entièrement détruits par le feu. Après la mort du prince de Rohan-Soubise, en 1787, divers héritiers se partagèrent encore les terres; et le château sans dépendance étant tombé, en 1791, dans les domaines du gouvernement, il fut cédé, dix ans après, à la caisse d'amortissement, qui mit cette ruine en vente en 1807.

Il existait au milieu de la dernière cour un très-beau puits, taillé dans le roc et extrêmement profond; il est actuellement comblé : des scènes horribles ensanglantèrent ce lieu en 1793 et 1795. La moitié du donjon s'écroula verticalement vers le milieu du XVIIe siècle : on ignore si cette chûte fut l'effet d'un tremblement de terre ou d'un vice de construction ; mais la partie qui est restée debout doit longtemps encore, par sa solidité, défier le temps et ses outrages.

D'anciennes traditions assurent qu'il existait autrefois sur la plate-forme de ce donjon un fanal, que l'on allumait tous les soirs pour guider les voyageurs exposés à s'égarer pendant la nuit dans un pays excessivement couvert et où il n'y avait point de grande route : ce fanal pouvait aussi servir, dans les temps de guerre, à donner des signaux, à indiquer la place aux troupes qui venaient à son secours, et à diriger la garnison lorsqu'elle faisait des sorties ou des excursions nocturnes dans cette contrée, que l'on peut aujourd'hui comparer à un labyrinthe inextricable.

Depuis vingt siècles, ce pays n'a point changé ; il était, du temps des Romains, inégal et d'un accès difficile, couvert d'épaisses forêts, coupé de rivières, de lacs, d'étangs et de marais, principalement du côté de la mer. César, qui en fit la conquête l'an de Rome 696, dit, dans ses *Commentaires*, que son lieutenant Crassus eut beaucoup de peine à le fouiller et à le soumettre ; preuve antique d'un courage qui n'a point dégénéré : César y vint lui-même pour achever d'en réduire les habitants et les assujettir aux lois de Rome. L'Armorique fut possédée pendant quatre siècles par les Romains : on croit que lorsque Conan Mériadec s'y rendit indépendant, Clisson faisait partie du pays de Retz et de Tiffauges. En 410, Honorius, pour arrêter les progrès des Armoricains au-delà de la Loire et leurs incursions sur le territoire de l'empire, mit des garnisons romaines dans les lieux où sont aujourd'hui situés les bourgs de *Clisson*, *Gétigné*, *Cugand*, *Boussai*, *Legé*, *Bois de Céné*, *Saint-Etienne du Bois et Tiffauges*. C'est dans ce dernier endroit que fut établi le quartier-général ; mais ces garnisons, exposées à des dangers continuels, ne seraient pas restées longtemps dans le devoir, si, pour les dédommager de leurs travaux, on ne leur eût accordé des priviléges extraordinaires. — Honorius leur donna des exemptions, qui furent confirmées plusieurs fois dans la suite par les empereurs et par les souverains de Bretagne et de France ; ce fut là l'origine de la franchise de ce pays, que l'on appelait, avant la révolution, les Marches communes de Bretagne et du Poitou, et qui conserva longtemps l'avantage de n'être soumis à aucun impôt régulier et annuel.

Lorsqu'en 458 et en 513 les Bretons insulaires, fuyant devant les Anglo-Saxons, furent venus augmenter la puissance des Armoricains, ceux-ci ne se contentèrent pas d'avoir au midi la Loire pour limite ; ils s'emparèrent du pays situé au-delà, et fortifièrent Clisson contre les Wisigoths. L'intérêt que les Bretons avaient à conserver cette barrière contre les entreprises de leurs voisins prouve qu'a cette époque cette petite ville devait avoir des fortifications et une population respectables ; mais, en 843, les Normands ayant brûlé et détruit de fond en comble la ville de Nantes, qu'ils avaient surprise, ils se répandirent dans le pays de Mauges, d'Herbauges, de Tiffauges et de Clisson, et y mirent tout à feu et à sang. Après la retraite de ces barbares, les habitants de ces contrées, échappés au massacre, relevèrent leur villes, les fortifièrent de nouveau, et, quelques années après ce désastre, Clisson possédait encore des établissements religieux qui peuvent faire juger de son importance, car il existe une charte de 855, par laquelle Gilardus, évêque de Nantes, céda à Actardus, qui le remplaça sur le siège épiscopal, les doyennés de Clisson et de Retz. Cette incursion des Normands, en 843, n'est pas la seule dont le pays eut à souffrir ; ces Barbares, jusqu'à la moitié du Xe siècle, y renouvelèrent plusieurs fois leurs courses et leurs ravages.

Les limites du pays que les Bretons possédaient sur la rive gauche de la Loire ayant souvent donné lieu à des contestations et à des guerres, les bornes de ce territoire furent définitivement fixées, en 943, par Alain Barbetorte, comte de Nantes, et Guillaume, comte de Poitiers; il fut convenu, par un traité, que les pays de Mauges, de Tiffauges, d'Herbauges et de Clisson seraient renfermés dans le Comté Nantais. Depuis ce temps, Clisson suivit les vicissitudes du comté de Nantes, et cette ville fut prise par le roi Philippe-Auguste, dans ses démélés avec le roi anglais Jean-sans-Terre.

Philippe-Auguste ayant pris la Bretagne sous sa protection, et se trouvant à Nantes en 1205, y convoqua, vers les fêtes de Pâques, les ducs, les comtes, les chevaliers et tous les seigneurs sujets à son *ost* (armée); et parmi les chevaliers bretons qui parurent à cette *monstre* (revue), on distingua, disent les chroniques; Guillaume de Clisson et son fils: ces deux chevaliers avaient suivi, l'année précédente, Gui de Thouars au siège du Mont-Saint-Michel, et avaient été du nombre de ces braves que des prodiges de valeur rendirent maîtres, en peu de jours, d'une place inexpugnable, située sur un rocher escarpé au milieu de la mer.

Ce Guillaume de Clisson était probablement frère d'Olivier I, sire de Clisson, qui rebâtit ainsi que nous l'avons déjà rapporté, le château de Clisson en 1223, et qui entoura la ville de murailles, dont la plus grande partie existe encore; mais, quoique l'histoire de Bretagne ne commence qu'à cette époque à faire mention de cette illustre famille, il n'en est pas moins certain qu'elle possédait, dans les temps les plus reculés, le fief dont elle portait le nom. Quelques auteurs prétentent que ce fut Gui de Thouars qui créa baron, en 1199, le sire de Clisson Olivier I; soit que la maison de Clisson fût depuis long-temps en possession de ce titre, soit qu'Olivier I l'eut seulement obtenu de Gui de Thouars, comte de Bretagne, toujours est-il constant que ce prince donna au sire de Clisson la qualité de baron dans une charte de l'abbaye de Villeneuve, datée de l'an 1205. L'on sait d'ailleurs que les barons seuls avaient le droit de faire clore et fortifier le bourg ou la ville de leur fief principal.

Sous le règne de Saint-Louis, Olivier I, sire de Clisson, tint le parti de la France. Il reçut dans son château Saint-Louis et Blanche de Castille, en 1230.

En 1257, Olivier I, que l'on nommait alors *le Vieux*, à cause de son grand âge, se ligua

Thiénon del. Piringer sc.

Vue de Clisson, et de la maison Valentin.

avec d'autres barons de Bretagne pour faire la guerre au duc Jean I, dit *le Roux* ou *le duc Mauvais*, fils de Pierre de Dreux. Ce prince, aussi ennemi que son père de la puissance des barons et des évêques, fit tous ses efforts pour la rabaisser. Il fit raser plusieurs châteaux qui appartenaient à Olivier; mais, ayant assiégé celui de Clisson, il échoua honteusement devant cette forteresse. Il eut alors recours au roi de France; et, par sa protection, il obtint un arrêt du parlement de Paris, en 1260, qui lui donna saisine de ce fief, dont il ne parvint cependant à s'emparer qu'avec le secours des troupes royales. Il le garda deux ans (jusqu'en 1262); mais Jean I, voulant enfin mettre un terme aux funestes divisions qui avaient jusque là troublé la Bretagne, prit le parti de traiter avec les mécontents. Olivier de Clisson était celui qu'il regardait comme le plus à craindre, aussi l'avait-il plus maltraité que les autres; il ne s'était pas borné à détruire ses forteresses, il avait encore fait saisir toutes ses terres. Olivier, ne pouvant se venger par les armes, se pourvut au tribunal du roi de France, et y appela le duc son suzerain. Un prince moins équitable que Louis IX aurait saisi avec joie cette occasion pour établir son autorité en Bretagne; mais il se contenta d'exiger que le duc rendît au jeune Clisson les biens séquestrés sur son père, car il ne put jamais déterminer Jean I à pardonner au vieux Olivier ses rebellions, et il obligea le nouveau seigneur de Clisson à faire hommage-lige au duc, et à lui promettre de ne plus plaider contre lui dans aucune cour étrangère, à moins qu'on ne lui refusât justice dans celle de Bretagne. Toutes ces choses furent réglées par un traité fait en présence du roi, au mois de février 1262.

Olivier IIe du nom, sire de Clisson, à qui Jean I, duc de Bretagne, rendit cette seigneurie, servit Philippe IV, dit *le Bel*, dans ses guerres contre les Anglais. Il eut trois fils de sa femme: Isabeau de Craon, Garnier de Clisson, Olivier IIIe du nom, père du connétable, et Amaury de Clisson.

Garnier de Clisson, que Froissart met au nombre des plus hauts barons de Bretagne et des plus braves chevaliers de son siècle, ne contracta, à ce qu'il paraît, aucune alliance, et mourut glorieusement, en 1341, en défendant le château de Brest, assiégé par le comte de Montfort au commencement de la fameuse guerre de la succession de Bretagne.

Olivier IIIe du nom, père du connétable, succéda à son frère Garnier, et fit, la même année, l'hommage de ses terres à Charles de Blois dont il soutenait le parti. Le comte Jean de Montfort s'étant rendu maître du château de Brest après la mort de Garnier, il s'empara également des villes de Rennes et d'Hennebon, et vint mettre le siége devant le château de la Roche-Périon. Olivier de Clisson commandait dans cette place; et le comte, voyant au bout de dix jours que le capitaine était insensible à ses menaces comme à ses promesses, se détermina à lever ce siége pour faire celui d'Auray.

Amaury de Clisson, frère de Garnier et d'Olivier III, ne suivit point d'abord, comme ses deux frères, le parti de Charles de Blois; il s'attacha fortement, au contraire, à celui de son compétiteur; et lorsque le comte de Monfort fut fait prisonnier à Nantes par l'armée française, et enfermé dans la tour du Louvre à Paris (vers la fin de l'an 1341), Amaury de Clisson fut nommé par la comtesse de Montfort et par les seigneurs de son parti tuteur et curateur du jeune comte de Montfort. La comtesse envoya de suite Amaury en Angleterre, pour presser le secours que le roi Édouard III avait promis à son époux. Amaury y renouvela l'alliance que le comte avait contractée avec ce prince, et s'engagea, tant au nom de son pupille qu'en celui de Jeanne de Flandre, à reconnaître Édouard pour roi de France, à lui faire hommage de la Bretagne, et à lui livrer les principales places de ce duché. Le mariage du jeune comte de Montfort avec une princesse d'Angleterre fut en même temps convenu, et Édouard fit équiper un grand nombre de vaisseaux pour transporter ses troupes en Bretagne. La comtesse était assiégée dans Hennebon et presque réduite à se rendre, lorsqu'Amaury de Clisson lui amena un secours d'Anglais; Charles de Blois fut contraint à lever le siége.

Charles de Blois étant venu l'année suivante (1342) mettre une seconde fois le siége devant cette ville, Amaury de Clisson signala encore son grand courage et son humanité en sauvant deux braves chevaliers d'une mort ignominieuse qui leur était lâchement préparée; et il se rendit si redoutable à Charles de Blois, que ce prince, ne pouvant le vaincre ni le détacher du parti du comte de Montfort, confisqua toutes ses terres, et les donna à Guillaume de la Heuze. Il paraît que cette rigueur et les sollicitations de sa famille le déterminèrent enfin à se ranger sous les bannières du parti qu'il avait si vaillamment combattu. Charles de Blois, par lettre du dernier Décembre 1344, confirmée par le roi au mois de Janvier suivant, lui donna l'abolition de ses rébellions, et il mourut (le 18 Janvier

1347) au combat de la Roche-Derrien, tenant le parti de ce duc.

Robert d'Artois, ayant débarqué en Bretagne, en 1342, à la tête d'une armée anglaise, se présenta devant la ville de Vannes, et en forma le siége. Charles de Blois avait confié la défense de cette place importante au sire de Clisson, Olivier III. Dès que ce brave guerrier vit approcher l'ennemi, il prit ses mesures pour repousser toutes ses attaques; et Robert d'Artois, après avoir donné inutilement plusieurs assauts, était sur le point de lever le siége, lorsqu'on lui indiqua un endroit de la ville où on ne faisait point de garde: il pénétra de ce côté, prit à revers les assiégés qui combattaient sur les remparts; et, dans la confusion de cette attaque imprévue, Clisson, ne pouvant regagner le château, n'eut que le temps de s'échapper par une porte secrète avec une partie de ses gens; mais furieux de s'être ainsi laissé surprendre, et désespéré des soupçons que l'on pouvait concevoir contre son honneur et son courage, il rassembla promptement des troupes, tomba tout à coup sur Vannes, et ses mesures furent si bien concertées, qu'il emporta cette place d'assaut. Robert d'Artois, en se défendant avec une grande bravoure, y fut blessé à mort; et Philippe de Valois se vit ainsi délivré de ce prince transfuge.

Édouard III, roi d'Angleterre, vint assiéger Vannes en personne. Mais Olivier de Clisson défendait vaillamment cette place; et son courage inspirait une si grande confiance aux assiégés, qu'ils tenaient quelquefois une de leurs portes ouverte, et se rangeaient en bataille en dehors pour défier l'ennemi. Dans une de ces sorties, Clisson, s'étant laissé emporter trop loin par sa valeur, fut fait prisonnier.— Après son échange, il se rendit à Paris, attiré par les fêtes d'un tournoi magnifique. Philippe de Valois, qui le soupçonnait de s'être engagé secrétement avec le roi d'Angleterre et de servir le parti du comte de Montfort, le fit arrêter, juger, et condamner à être décapité. Cet arrêt inique, rendu sans aucune formalité, et contre toutes les règles du droit des gens et les prérogatives de l'ordre de la chevalerie, fut exécuté aux Halles, à Paris, le 2 Août 1343. La tête d'Olivier fut envoyée à Nantes, et plantée sur une lance à une des portes de la ville. Quatorze chevaliers, Bretons et Normands, qui l'accompagnaient, eurent le même sort; et, pour justifier cet excès de rigueur, on fit courir le bruit qu'ils avaient voulu livrer Nantes aux Anglais. Mais leur mort fut cruellement vengée par le désastre de Crécy.

Olivier III laissait deux fils et une veuve,

Jeanne de Belleville : celle-ci vivait dans une profonde retraite, au château de Saint-Yves, près d'Hennebon. Elle ne songea qu'à venger la mort de son mari ; elle conduisit ses deux enfants à Nantes, s'arrêta devant la porte, leur montra la tête de leur père, puis, leur ordonnant d'élever leurs mains vers le ciel, elle leur fit jurer de venger celui dont ils tenaient la vie. Le plus jeune de ses fils avait trois ans : l'aîné était cet *Olivier de Clisson* qui devint depuis si célèbre ; il était alors âgé de sept ans ; il était né en 1336 au château de Clisson. Jeanne de Belleville réunit ses amis, et bientôt, à la tête de quatre cents hommes, elle enleva plusieurs châteaux-forts du parti de Blois ; plus d'une fois elle combattit corps à corps avec de vaillants guerriers.

Philippe de Valois, à cette nouvelle, prononça la confiscation des biens de cette femme intrépide, et la déclara ennemi de l'état ; cette mesure ne fit que rendre sa fureur plus active. Chassée bientôt de ses conquêtes et de ses domaines, elle vendit ses joyaux, acheta un vaisseau, et, secondée par quelques partisants fidèles, elle désola les côtes de la Bretagne.

C'est à cette école que le jeune Olivier fit son apprentissage. Après des combats opiniâtres, le vaisseau de Jeanne de Belleville fut mis hors d'état de tenir la mer. Jeanne se jeta dans une chaloupe avec ses deux fils et quelques serviteurs dévoués ; pendant six jours elle erra sur l'Océan, luttant contre les vagues et contre la faim : c'est dans ces affreux moments que son plus jeune fils mourut. Enfin, elle put prendre terre à Morlaix, qui tenait pour le parti de Montfort : elle y trouva Jeanne de Flandre, qui s'unit à elle d'une étroite amitié. En 1349, elle contracta un nouveau [1] mariage : Édouard III la combla de bienfaits ; la comtesse de Montfort, veuve à son tour, ne négligeait rien pour donner des partisants à son fils Jean IV ; les dispositions du jeune Clisson la frappèrent ; elle le fit élever avec son fils ; Clisson suivit Jean à Londres, où il inspira une affection singulière à Édouard III. Lorsqu'il fallut que Montfort parût en Bretagne, le monarque donna à Clisson un équi-

(1) Le roi Jean, par suite d'un traité fait avec le roi d'Angleterre, rendit, en 1362, à Olivier de Clisson, les biens qui avaient été confisqués sur son père ; et Édouard III lui avait également donné, en 1359, main-levée de tous ceux qui lui étaient échus par la mort de Jeanne de Belleville, sa mère. Elle s'était remariée en troisième noces, en 1349, à un brave chevalier anglais, nommé Berthelée, qui possédait, par droit de conquête la plus grande partie des biens de cette dame, dont il s'était emparé pendant la guerre, sur les partisans de Charles de Blois, à qui ils avaient été donnés. Jeanne de Belleville mourut en 1359.

page qui rivalisait de luxe et de richesse avec celui du prétendant au duché.

Ce fut au siége de Vannes (1357) que Clisson, âgé seulement de vingt ans, fixa l'attention par d'éclatants faits d'armes, par une grâce chevaleresque, par un goût pour le faste qui ne le quitta jamais : déjà ses exploits étaient chantés par les ménestrels. Il voulut jouer un rôle politique, et se fit le centre des guerriers Bretons partisants de Montfort qui se voyaient avec dépit liés à l'Angleterre, et qui désiraient un chef national. Lors du traité de Brétigny, Clisson insista avec tant d'énergie auprès des deux cours d'Angleterre et de France, qu'on lui rendit les domaines qui lui avaient été enlevés par Philippe de Valois ; il rentra en possession de Garnache, de Beauvoir-sur-Mer, de Château-de-Vaux et de Château-Guy. Il augmenta encore sa force territoriale par son mariage avec Jeanne de Laval, et devint en Bretagne une véritable puissance : il se forma une suite de quatre cents chevaliers et de mille arrière-vassaux dont il disposait à son gré. En 1364, la bataille d'Auraï décida l'affaire de la succession de Bretagne ; ce fut à Clisson que Montfort dut principalement son triomphe. Clisson arriva à la chûte du jour au camp, couvert de poussière, et ramenant un grand nombre de prisonniers ; Montfort courut au-devant de lui, l'embrassa en disant : *Après Dieu et Chandos, c'est à vous que je dois la victoire.* En même temps il versa du vin dans la coupe ducale, et voulut que le général anglais et le banneret breton y bussent ensemble. C'était une distinction insigne, mais Clisson refusa cet honneur, parce qu'il devait le partager avec un autre. Ce refus piqua Montfort, et l'on prétend que ce fut la première origine de la mésintelligence qui éclata un peu plus tard entre eux.

Clisson fut envoyé par le nouveau duc Jean IV à la cour de France, comme ambassadeur. Le roi Charles V lui fit le plus gracieux accueil. Fier des avances que ce prince lui avait faites, Clisson, à son retour, traita le duc avec plus de morgue que jamais, lui reprocha vivement la préférence qu'il accordait aux Anglais, et, déterminé à faire un éclat, il demanda à Montfort à lui céder le château du Gâvre qui avait été donné à Chandos : il eut un refus. Alors il entra dans une violente colère, accusa le prince d'ingratitude en présence de toute sa cour, et retourna brusquement dans ses domaines. Là, il réunit ses hommes d'armes, se porte sur le Gâvre, le brûle, charge sur des chariots les pierres du château, et s'en sert pour faire bâtir une autre aile à celui de Blain.

Le duc dissimula cette offense ; Chandos en porta ses plaintes au prince de Galles qui fit de vifs reproches à Clisson. Celui-ci envoya défier au combat le prince de Galles, qui refusa de l'accepter ; mais il envoya un message à Jean IV pour lui témoigner sa surprise de la conduite de Clisson, en lui demandant si la Bretagne avait déjà oublié qu'elle tenait son maître de l'Angleterre. Ceci aigrit davantage les esprits. Montfort éloigna Clisson, en le chargeant d'une nouvelle mission auprès du roi de France. Clisson défendit avec chaleur les intérêts de son maître : il protestait de son attachement à la France, lorsque Charles V lui apprit qu'au mépris de la foi jurée, Montfort prenait ses dispositions pour livrer passage aux troupes anglaises qui allaient en Guienne renforcer l'armée du prince Noir. Clisson fut outré de cette trahison, et déclara à Charles V, que, dès ce moment, il abandonnait les intérêts de Montfort, et qu'il acceptait les offres que le roi de France lui faisait depuis longtemps. On le nomma *lieutenant pour le roi* dans la province de Guienne, où la France possédait encore quelques places. Cet emploi le rendait l'égal du duc d'Anjou, commandant en Languedoc, et mettait sous ses ordres les troupes disséminées dans les provinces de l'Ouest. Décoré de son nouveau titre, il revint en Bretagne, brava le duc jusque dans son palais, étalant partout les insignes de sa haute dignité, et précédé toujours de deux hérauts aux armes de France. Il se hâta de visiter ses domaines, y leva le plus de monde qu'il put, enflamma le zèle des autres barons; enfin, il réunit une compagnie de trois cents lances, à peu près dix-huit cents hommes parfaitement équipés, et vint les offrir à Charles V; puis il alla combattre pendant deux mois les *malandrins*, envoyés par l'Angleterre, les défit complétement sur les bords de la Dordogne, et donna ainsi à Duguesclin le temps de revenir d'Espagne. Dans un voyage qu'il fit en Bretagne en même temps que celui-ci, il fut adopté par lui comme son frère d'armes; la cérémonie qui constituait cette adoption et les fêtes qui la suivaient furent célébrées au château de Pontorson avec le plus brillant appareil, en 1369.

La campagne de cette année, si glorieuse pour les armes françaises, fournit à Clisson de nombreuses occasions de se signaler; il n'en laissa échapper aucune; il détruisit l'armée de Robert Knolles, et, envoyé en Poitou avec le titre de lieutenant-général pour le roi, il força les troupes du prince de Galles à lever le siége de Moncontour, et les rejeta en Guienne. Le vieux Édouard III ne pouvait se consoler d'avoir élevé dans sa cour un homme dont le courage lui était si fatal. Pour servir

Thienon del. Piringer sc.

Vue de la Colonne Milliaire, dans le Bois de la Garenne à Clisson.

le ressentiment de ce monarque et calmer ses regrets, les chevaliers anglais lui promirent de poursuivre Clisson à outrance, de s'attacher à sa personne, enfin, de le prendre mort ou vif; ils firent avec persévérance tous leurs efforts pour accomplir cette promesse, et en effet, dans toutes les rencontres un peu meurtrières, Clisson avait à soutenir le poids de milliers d'ennemis conjurés pour sa perte : cet acharnement à le poursuivre flattait sa vanité, mais sa sûreté le forçait à ne faire quartier à personne. Il s'en suivit une lutte exaspérée qui n'avait aucun caractère de générosité.

Une trève ménagée en 1373 par le pape Grégoire XI, fit cesser cette guerre meurtrière, et Clisson alla se reposer dans le château de Josselin qu'il avait acheté du comte d'Alençon. C'est là qu'il reçut Charles-le-Mauvais, roi de Navarre. Il le conduisit ensuite à la cour de Bretagne. La duchesse Isabelle, fille d'Édouard III, combla d'attentions Clisson, qu'elle voulait gagner de nouveau au parti de Jean IV. Celui-ci était jaloux; le roi de Navarre se fit un plaisir de lui persuader qu'une intrigue d'amour était nouée entre Olivier et Isabelle. Montfort voulut faire périr Clisson dans une fête; mais Olivier, averti à temps, échappa au danger : Monfort eut l'imprudence de faire un éclat et de quereller sa femme en présence de toute sa cour. Toute réconciliation devint impossible entre le duc et son puissant vassal. Le duc, malgré la trève, reprit les hostilités contre le parti de la noblesse. Assiégé dans Quimperlé avec Beaumanoir, Clisson allait être forcé de se rendre, lorsqu'en 1375; la nouvelle du traité conclu à Bruges entre la France et l'Angleterre contraignit Montfort, non seulement à lever le siége de Quimperlé, mais encore à sortir du duché de Bretagne avec les troupes anglaises qu'il y avait appelées. Après son départ, Clisson exerça sur la Bretagne une espèce de protectorat, et il la régit à son gré pendant près de deux années. Lorsque Richard II devint roi d'Angleterre, il recommença la guerre avec la France.

Charles V, voulant réunir la Bretagne à la couronne, ordonna à Clisson d'enlever les places de Brest, de Saint-Brieux et d'Aurai qui restaient encore à Montfort. Ce fut avec un rare courage, et en payant héroïquement de sa personne, qu'Olivier enleva Aurai d'assaut (Décembre 1378).

Charles V voulut réunir la Bretagne à la couronne par un coup d'éclat : il échoua complétement. Olivier se montra décidé à servir les vues du roi de France, mais il ne suivit pas franchement ce parti. Renfermé dans

Nantes avec une nombreuse garnison, il aurait pu neutraliser les efforts des Anglais qui étaient parvenus à faire accepter leur appui aux nobles Bretons; il n'eut pas la force de résister aux sollicitations des Nantais, et, pour leur être agréable, il eut recours au subterfuge : il fit éclater une émeute, et sortit de la place comme s'il y avait été contraint par la force (1379). Toutefois, il paraît qu'il eut honte du rôle qu'il venait de jouer; après quelques échecs, il reprit l'offensive, et poursuivit son ennemi avec l'habileté la mieux soutenue. Avec des forces très-médiocres, il contraignit le duc à lui abandonner la campagne. Montfort se croyait au moment d'être obligé de quitter ses états pour la troisième fois, lorsque Clisson vit tout à coup ses opérations paralysées par la défection de son gendre, le sire de Rohan. Réduit à la défensive, Olivier quitta le duché, et alla rejoindre à Paris le connétable Duguesclin qui se préparait à une nouvelle expédition. Elle eut lieu en 1380; mais Duguesclin mourut au siége de Châteauneuf-de-Randon, remettant l'épée de connétable à Olivier, qui se rendit aussitôt à Paris. Toutefois ce ne fut qu'après la mort de Charles V, le 28 Octobre 1380, que les circonstances forcèrent le duc d'Anjou à nommer connétable Clisson, quoiqu'il ne pût le souffrir:

Charles V mourant avait dit à ses frères : *Or, faites le sire de Clisson connétable, je n'y vois nul plus propre que lui.*

Dans ses nouvelles fonctions, Clisson déploya une énergie soutenue. Lorsque Montfort vint à Paris rendre hommage à Charles VI, en 1381, il saisit cette occasion pour prendre un arrangement avec Clisson. Cette réconciliation se consomma par un traité authentique signé le 10 Juillet 1381. Le connétable jura d'être *bon, vrai et loyal allié de Montfort*, contre tous, excepté le roi de France. Le duc, de son côté, jura d'être *bon, loyal seigneur, et allié bienveillant de Clisson.* Ce fut Clisson qui présida bientôt, comme connétable, aux préparatifs de l'expédition dirigée contre les Flamands révoltés contre leur comte Louis de Male. C'est à ses dispositions que les Français durent l'éclatante victoire de Rosebec.

Paris s'était soulevé pendant l'absence du roi : lorsque celui-ci revint, une nombreuse députation de la capitale alla au-devant de l'armée. Olivier ne voulut point qu'elle fût admise auprès de Charles VI : il entra dans la ville en vainqueur par une brèche nouvellement pratiquée, et déploya d'abord toute la sévérité de son caractère. Puis il intercéda pour les Parisiens qui obtinrent leur grâce. La ville lui fit présent d'une très-belle maison dite le *Grand-Chantier du Temple*, et qui porta dès-lors le nom d'*Hôtel de la Miséricorde*, afin de perpétuer le souvenir de la grâce que les bourgeois avaient obtenue du roi par les sollicitations d'Olivier. Cette maison devint dans la suite l'hôtel de Guise.

Dès ce moment, aucune ambition rivale n'essaya de balancer la faveur de Clisson ; il se trouva exercer une puissance égale à celle des anciens maires du palais.

La guerre ne tarda pas à se rallumer de nouveau du côté de la Flandre. Clisson dirigea avec beaucoup de supériorité les campagnes de 1384 et 1385 qui assurèrent la soumission des Flamands. Lorsque la France rompit de nouveau avec l'Angleterre, Clisson commanda l'expédition préparée pour effectuer une descente sur les côtes de la Grande-Bretagne (1386) ; mais les tempêtes dispersèrent les flottes de France. L'année suivante, Olivier se rendit en Bretagne pour présider aux préparatifs d'une nouvelle expédition.

Il était le plus ardent ennemi qu'eussent les Anglais ; il avait mérité le surnom de *boucher* par les cruautés qu'il exerçait sur eux : aussi poursuivit-il son armement à Tréguier avec la plus grande activité. Quoiqu'il gardât les dehors de la déférence envers le duc de Bretagne, son souverain, il n'avait pas moins de haine pour lui, et il s'occupait alors même des moyens de lui opposer un compétiteur, le fils de Charles de Blois, son ancien rival. Le duc fut instruit de ses menées, et résolut de les déjouer par une trame qu'il tint secrète : il convoqua les états de Bretagne à Vannes. Le connétable s'y rendit sans défiance, ainsi que les principaux seigneurs bretons. Après d'assez longues discussions sur les affaires de la province, le duc de Bretagne donna un grand dîner aux seigneurs qui allaient se séparer. Le lendemain, le connétable en donna un à son tour, et, au sortir de table, il devait retourner à sa flotte à Tréguier. A la fin du repas, le duc vint surprendre les convives chez le connétable. « Il s'assit entre les barons (dit Froissart), et but et mangea, ainsi que par amour et par grand compagnie, et leur montra plus grand semblant d'amour qu'il n'avait oncques fait, et leur dit : « Beaux seigneurs, mes amis et mes compagnons, Dieu vous laisse aller et retourner à joie, et vous donne faire telle chose en armes qui vous plaise et qui vous vaille ! » Ils répondirent tous : « Monseigneur, Dieu vous le veuille mérir (rendre). » Le duc faisait alors bâtir assez près de Vannes un château très-beau et très-fort qu'il appelait l'*Hermine*, parce que le duché de Bretagne portait l'hermine pour armoiries. Il dit au connétable, au sire de Laval, au vicomte de Rohan, à Beaumanoir, et à quelques autres barons qui devaient passer devant en retournant à Tréguier : « Beaux seigneurs, je vous prie, à votre département (départ), que vous veuillez venir voir mon château de l'Hermine; si verrez comment je l'ai fait ouvrer (travailler, construire) et fais encore. » Tous y consentirent : arrivés au château, ils descendirent de cheval; le duc, par la main, les mena de chambre en chambre, d'office en office, et devant le cellier, et les fit là boire. Arrivés à l'entrée de la maîtresse tour, le duc dit au connétable : « Messire Olivier, il n'y a homme de çà la mer qui se connoisse mieux en maçonnerie que vous faites. Je vous prie, beau sire, que vous montiez là-haut : si me sauriez dire comment le lieu est édifié : si il est bien, il demeurera ainsi; si il est mal, je le ferai amender (corriger, rectifier, changer). » Le connétable, qui nul mal n'y pensait, dit : « Monseigneur, volontiers. » Dès qu'il eut passé le premier étage, des hommes que le duc avait placés là en embuscade pour l'attendre, fermèrent soudainement la porte, et le chargèrent de trois paires de fers, en lui disant cependant : « Monseigneur, pardonnez-nous ce que nous vous faisons, car il nous faut le faire : ainsi nous est-il enjoint par monseigneur de Bretagne.

Quand le sire de Laval, qui était à l'entrée de la tour, vit l'huis clore à l'encontre d'eux, tout le sang lui commença à frémir, et entra en grand soupçon de son beau-frère le connétable, et regarda sur le duc, qui devint plus vert qu'une feuille : si dit : « Ha! Monseigneur, pour Dieu, mercy, que voulez-vous faire? N'ayez nulle male (mauvaise) volonté sur beau-frère le connétable. — Sire de Laval, dit le duc, montez à cheval, et si vous partez de ci (allez-vous en d'ici) ; vous vous en pouvez bien aller si vous voulez : je sais bien ce que j'ai à faire. — Monseigneur, répondit le sire de Laval, jamais je ne me partirai sans beau-frère le connétable. » A ces mots entra le sire de *Beaumanoir* que le duc haïssait grandement. Le duc vint contre lui en tirant sa dague, et dit : « Beaumanoir, veux-tu être au point de ton maître (dans l'état où est ton maître)? Monseigneur, dit le sire de Beaumanoir, je crois que mon maître soit bien. — Et toutefois, dit le duc, je te demande si tu veux être ainsi? — Oui, Monseigneur, » dit-il. — Adonc trahist (tira) le duc sa dague, et la prit par la pointe, et dit : « Or çà, çà, Beaumanoir, puisque tu veux être ainsi, il te faut crever un œil. » (Clisson avait perdu un œil en 1364 à la bataille d'Aurai). Le sire de Beaumanoir vit bien que la chose allait mal ;

car le duc était plus vert que une feuille; si se mit à un genou devant lui, et lui dit : « Monseigneur, je tiens tant de bien et de noblesse en vous, que, s'il plaist à Dieu, vous ne nous ferez que droit, car nous sommes en votre mercy (en votre pouvoir), et par bon amour, et par bonne compagnie, et à votre requête et prières sommes nous ci venus. Si, ne vous déshonorez pas pour accomplir aucune felle volonté, si vous l'avez sur nous, car il en serait trop grand'nouvelle. — Or va, va, dit le duc, tu n'auras ni pis ni mieux qu'il aura. » Adonc fut-il mené en chambre de ceux qui étaient ordonnés pour ce faire, et là enferré de trois paires de fers. S'il fut ébahi, il y eut bien cause, car il sentait que le duc ne l'aimait que un petit; ne le connétable aussi; si n'en pouvoit avoir autre chose.

En soi-même le connétable se comptoit pour mort, ni nulle espérance de venir jusqu'au lendemain n'avait; car ce le ébahissait moult fort, et à bonne cause, que par trois fois il fut déferré, et mis sur les carreaux. Une fois voulait le duc qu'on lui tranchast la tête, l'autre fois voulait qu'on le noyast; et de l'une de ces deux morts brièvement il fût fixé, si ce n'eût été le sire de Laval : mais quand il oyait le commandement du duc, il se jetait à genoux devant lui en pleurant moult tendrement, et joignant les mains, et lui disait : « Ah ! Monseigneur, pour Dieu mercy, avisez-vous : n'ouvrez point (n'entreprenez point) telle cruauté sur beau-frère le connétable, il ne peut avoir desservi mort (mérité la mort). Par votre grâce, veuillez moi dire qui vous meut à présent de être si crueusement (cruellement) courroucé contre lui, et je vous jure que le fait qu'il a méfait, je le lui ferai du corps et des biens amender si grandement, ou je (le ferai) pour lui, ou nous tous deux ensemble, que vous oserez le dire ni juger. Monseigneur, souvienne vous, pour Dieu, comment de jeunesse vous fûtes compagnons ensemble, et nourris tous en un hôtel avec le duc de Lancaster..... Monseigneur, pour Dieu mercy, souvienne vous de ce temps, comment, avant qu'il eût sa paix au roi de France, il vous servit toujours loyalement, et vous aida à recouvrer votre héritage. — Sire de Laval, répondit le duc, Clisson m'a tant de fois courroucé, que maintenant il est heure que je le lui montre; et partez vous de ci, je ne vous demande rien ; laissez-moi faire ma cruauté et ma hâtiveté ; car je veux qu'il meure. — Ha! Monseigneur, pour Dieu mercy (disait le sire de Laval), affrénez-vous (retenez-vous, apaisez-vous) et modérez un petit votre courage, et regardez à raison. S'il en était ainsi que vous le fissiez, oncques prince ne fut si déshonoré que vous seriez, et il n'y aurait en Bretagne chevalier ni écuyer, cité, châtel, ni bonne ville, ni homme nul qui ne vous haïst à mort, et ne mist peine à vous déshériter. »

Par ces instances, le sire de Laval calma enfin la colère du duc : il retraça vivement à son imagination le déshonneur, le danger qu'il encourait : mais déjà ce danger, ce déshonneur était encouru, car il s'arrêta quand il était trop tard, quand il joignait seulement l'imprudence à la perfidie, qu'il rendait le pouvoir de lui nuire à celui en qui il avait excité le plus violent ressentiment. Il consentit enfin à promettre au sire de Laval qu'il rendrait la liberté à son beau-frère, pourvu que celui-ci lui remît les forteresses de Castel-Brou, Castel-Josselin, Lamballe et Jugon, et lui payât cent mille francs comptant. Le sire de Beaumanoir fut relâché pour qu'il fît ouvrir les forteresses et apporter l'argent, et les fers furent ôtés au connétable.

Au bout de peu de jours, l'argent fut préparé, les forts furent remis entre les mains des gens du duc, et le connétable eut permission de sortir du château de l'Hermine avec le sire de Laval. Il avait promis de ratifier le traité qu'il avait signé en prison, dès qu'il serait hors des terres de Bretagne, et il le fit à Moncontour tandis qu'il était encore dans le trouble et la joie de sa délivrance : mais la colère ne tarda pas à prendre le dessus. La nouvelle de sa captivité avait suffi pour faire renoncer à l'expédition d'Angleterre. Il se rendit à Paris, se jeta aux genoux du roi, raconta l'affront qu'il avait reçu et offrit sa démission de la charge de connétable; mais le roi ne voulut pas l'accepter. Il promit de consulter ses pairs sur le dommage qu'avait éprouvé Clisson, et de lui faire rendre justice : mais quand celui-ci s'adressa aux ducs de Berri et de Bourgogne, il les trouva peu sensibles à l'injure qu'il venait d'éprouver.

Pendant que Charles VI envoyait des ambassadeurs au duc de Bretagne, Clisson rassembla des troupes, et, avec l'aide de quelques seigneurs, il commença à reprendre les châteaux qu'il avait perdus. Le duc consentit à remettre sous la garde du sire de Laval les places qu'il s'était fait livrer, et à donner des gages pour les cent mille francs, jusqu'à ce que le roi, en son conseil, eût décidé à qui cette rançon devait appartenir. Bientôt après cet accord, Jean, fils de Charles de Blois, fut remis en liberté par les Anglais, et épousa la fille d'Olivier, en 1388.

La même année, le duc de Bretagne vint prêter hommage à Charles VI. Ses affaires étaient entre les mains du Parlement qui prenait à tâche de le retenir long-temps à Paris. Après un mois de délai, le duc de Bretagne obtint une sentence. Le parlement n'avait considéré la plainte du connétable que comme un procès civil, et il avait accordé cinq ans au duc pour restituer à Clisson, en cinq paiements égaux, les cent mille francs qu'il lui avait extorqués. Les places prises de part et d'autre devaient être mutuellement rendues.

Pendant deux ou trois ans le connétable séjourna en Bretagne, où il rendit de nouveaux services au pays, pourtant il y continua sa guerre privée avec le duc : celui-ci eut presque toujours le désavantage. Enfin, le roi intima aux deux rivaux l'ordre de suspendre toute hostilité, et les appela de nouveau à son tribunal, afin de juger tous ces différends [1]. La

(1) Le duc de Bretagne, mandé par le roi, avait été obligé d'aller à Paris pour se justifier, et de rendre au connétable tout ce qu'il avait exigé de lui dans la prison de l'Hermine : ce n'est pas sans effort que le roi parvint à obtenir, au moins en apparence et pour quelque temps, la réconciliation de ces deux ennemis. Pour cimenter cet accord, le roi invita le duc et le connétable à dîner ; et, après avoir bu dans sa coupe, il la présenta au duc en le priant d'y boire et de donner le reste à Clisson en signe d'union et d'amitié. Mais ce rapprochement ne pouvait pas être bien sincère de part et d'autre, et surtout du côté de Clisson. Il était trop vindicatif

ville de Tours fut choisie à cet effet, comme étant plus rapprochée du théâtre de la guerre.

pour oublier si promptement l'humiliation et les mauvais traitements que le duc lui avait fait éprouver : on peut en juger par cette lettre, qu'il écrivit peu de temps après à un de ses parents :

« Biau cousin et ami, Monsieur de la Tremblaie » aïant reçu celle-ci, venez à toute outrance avec » ma compagnie d'hommes d'armes et d'arbalestriers me trouver, chevauchant à hastivité; car » il est mestier que pieça nous quittions nostre » maistre, qui est moult fascheux, et aillons en » chevauchée trouver Monseigneur le roi de France, » qui est moult agréable, de bonne haitance, et » jeune et gaillard prince. Et donray vostre fils » Pierre à Monseigneur le duc d'Orléans, et vostre » fils Drouin à Monseigneur le roi de Sicile, mais » qui soyons plus convenants d'années, du bien » lour tiendrons. Pour moy, je suis vostre bon parent et favorable ami, — OLIVIER DE CLISSON. — » De mon chastel de Clisson, le 2 Mai 1389. »

Il paraît, par la date de cette lettre, que le connétable partit immédiatement pour Paris, car il se trouva, le 7 du même mois, à Saint-Denis, aux obsèques que Charles VI fit faire pour le connétable Duguesclin, et il mena le deuil en sa double qualité de connétable et de frère d'armes de l'illustre défunt.

A Paris, l'hôtel de Clisson était près du Temple, rue du Chaume, en face de celle de Braque. On en voit encore aujourd'hui deux tourelles, qui font partie de l'hôtel Soubise, et dont les girouettes sont aux armes de Bretagne. Il fut vendu pour la somme de soixante mille livres par Philibert de Babou, évêque d'Angoulême, à François, duc de Guise; et, en 1556, Charles de Guise, cardinal de

Un traité y fut signé le 26 Janvier 1392. Il fut convenu que le fils aîné du duc de Bretagne épouserait une fille du roi, née l'année précédente; que la juridiction du parlement de Paris sur la Bretagne, l'empreinte de la monnaie et les serments des vassaux du duc seraient réglés conformément aux anciens usages; que le comte de Penthièvre, fils de Charles de Blois et gendre d'Olivier de Clisson, renoncerait à porter les armes de Bretagne; qu'il confirmerait le traité de Guérande, et ferait hommage au duc; que celui-ci, de son côté, lui rendrait les fiefs qu'il lui avait saisis; qu'il se réconcilierait avec le connétable, et qu'il prendrait des termes et fournirait des cautions pour acquitter ce qui lui restait à devoir.

Charles VI avait éprouvé ses premiers accès de démence. Les factions commençaient à agiter la cour. On en voulait à Clisson. Pierre de Craon, favori des frères du roi, surtout du duc d'Orléans, reçut, à la suite de quel-

Lorraine, acheta de Bisson, conseiller de la cour, l'hôtel de Laval, bâti au coin de la rue de Paradis et de celle du Chaume, et séparé de l'hôtel de Clisson par un cul-de-sac qui aboutissait à l'hôtel de la Roche-Guyon. Aujourd'hui tous ces bâtiments réunis sont occupés par les Archives générales du royaume, d'où la communication est facile avec l'imprimerie royale.

ques intrigues, l'ordre de quitter la cour et même le royaume. On lui persuada qu'il devait cette disgrâce à Clisson : il jura de tirer du connétable une vengeance éclatante. De concert avec le duc de Bretagne, il revint secrètement à Paris, attaqua la nuit, à l'improviste, Clisson qui sortait de chez le roi, et le laissa pour mort sur la place. Charles VI regarda ce crime comme une offense qui lui était personnelle. Il somma le duc de Bretagne de lui livrer Craon, auquel il avait donné asile. Le duc de Bretagne s'y refusa. Alors Charles résolut de lui faire la guerre, et c'est en marchant contre lui qu'il fut attaqué, près du Mans, de cet accès de folie qui, sauf quelques intervalles, le priva pour toujours de la raison. Le duc de Bourgogne prit la régence. Il devait à Clisson ses états de Flandre; pourtant il était devenu son ennemi. D'abord il résolut de l'arrêter et de le garder prisonnier : mais Clisson lui échappa et se retira dans ses terres de Bretagne. Le régent lui envoya redemander l'épée de connétable, mais Clisson refusa de s'en dessaisir. Cité devant le parlement, il n'y parut point, et fut condamné comme *faux traître*, au bannissement et à une amende d'environ un million de notre monnaie.

Après quelques nouvelles altercations,

Clisson se réconcilia avec Montfort, mais il eut des démêlés très-vifs avec le successeur de celui-ci, le duc Jean V. — Olivier de Clisson expira le 23 avril 1407, à l'âge de 73 ans : ce jour-là même, Alain de Rohan, son petit-fils, épousait Marguerite de Bretagne, sœur de Jean V. Sentant approcher ses derniers moments, Olivier appela Beaumanoir, son vieil ami, et lui remit l'épée à pommeau d'or parsemé de fleurs de lis, insigne caractéristique de la charge de connétable, et dont il n'avait jamais voulu se dessaisir, ne s'étant pas cru destitué, malgré la nomination successive de Philippe d'Artois, de Louis de Sancerre et de Charles d'Albert; il pria Beaumanoir d'aller porter cette épée au roi Charles VI, et de la mettre entre les mains du monarque. Le banneret, fondant en larmes, se chargea d'accomplir ce vœu, mais lui-même n'eut pas le temps de remplir sa mission. Il mourut quelques jours après son ami.

A peine Olivier de Clisson eut-il fermé les yeux, que Marguerite de Penthièvre sa fille, qui avait hérité de son ambition et de ses ressentiments, se mit en état d'hostilité contre la maison régnante; et, après plusieurs entreprises audacieuses sur l'autorité du duc, qu'elle ne voulait point reconnaître, elle ne tarda pas à se mettre en révolte ouverte. Cette femme altière ne pouvait se résoudre à renoncer aux droits de ses enfants sur le duché de Bretagne ; elle espérait que la guerre favoriserait ses desseins. Mais désabusée par une lutte de sept années, dans laquelle d'inutiles efforts épuisèrent toutes ses forces et la réduisirent à la dernière extrémité, elle voulut obtenir, par la trahison, ce qu'elle n'avait pu obtenir par la force des armes. Elle se concerta avec ses fils, et ils résolurent de s'emparer par ruse de la personne de Jean V, pour le livrer au dauphin (depuis Charles VII), qui, à ce qu'il paraît, leur avait promis, sous cette condition, de les aider à se mettre en possession du duché.

Pour arriver plus facilement à ce but, le comte de Penthièvre et ses trois frères se rapprochèrent du duc, lui firent mille démonstrations de soumission et d'amitié, et poussèrent la dissimulation jusqu'à lui proposer de cimenter leur union par des engagements réciproques, ainsi que cela se pratiquait alors ; ils se mirent enfin si bien dans ses bonnes grâces, que Jean V retenait le plus qu'il pouvait auprès de lui le comte et Charles d'Avaugour son frère ; plusieurs fois même il les fit coucher avec lui dans son lit. Lorsqu'ils crurent avoir entièrement gagné la confiance de ce prince, ils le pressèrent de se rendre à Chanteauceaux, où il était invité avec instance par leur mère, pour y jouir des plaisirs de la chasse; ils l'assurèrent en outre que les ambassadeurs du dauphin devaient s'y rendre pour conférer avec lui.

Le duc, sans défiance, partit de Nantes, le 12 février 1420, accompagné de Richard de Bretagne son frère, et d'une suite assez nombreuse. Il alla coucher au Loroux-Bottereau; et le lendemain, après avoir entendu la messe, il se mit en route pour arriver à Chanteauceau de bonne heure; mais lorsqu'il eut passé la petite rivière de Divatte, sur le pont de la Troubarde, les gens du comte de Penthièvre jetèrent à l'eau les planches du pont, qu'ils avaient eu la précaution de déclouer d'avance, et séparèrent ainsi Jean V de sa suite. Ce prince, croyant que c'était un jeu, riait de l'embarras de ceux qui étaient restés de l'autre côté de la rivière, lorsque tout à coup il vit sortir d'un bois un grand nombre de cavaliers armés, à la tête desquels il reconnut Charles d'Avaugour. Le duc, commençant à craindre quelque trahison, demanda au comte ce que tout cela signifiait; celui-ci lui répondit, en se saisissant de sa personne, qu'il le faisait prisonnier de Monseigneur le dauphin, et qu'avant qu'il lui échappât il lui rendrait son héritage. Charles se saisit également de Richard de Bretagne, et tous ceux qui avaient passé la rivière furent faits prisonniers. Plusieurs, ayant voulu s'opposer à cette violence, furent dangereusement blessés, et le duc eût éprouvé le même traitement si le comte n'eût arrêté le bras d'un gentilhomme qui allait lui donner un grand coup d'épée.

Après qu'on les eût désarmés, les Penthièvre en envoyèrent une partie à Chanteauceau, et ils conduisirent eux-mêmes le duc et Richard à Clisson. Lorsqu'ils furent près d'y entrer, le comte défendit au duc, sous peine de la vie, de jeter aucun cri qui pût émouvoir le peuple ou le faire reconnaître. Ces prisonniers traversèrent la ville les yeux bandés, les jambes liées sous le ventre de leurs chevaux et dans le plus profond silence; le comte craignait que les habitants, émus de compassion en voyant le duc dans ce pitoyable état ne fissent quelque tentative pour le délivrer, et deux hommes armés d'une demi-lance marchaient à ses côtés, en le menaçant de le tuer au moindre mouvement qu'il ferait pour s'échapper de leurs mains.

De Clisson on les mena à Palluau, de là on les fit venir à Chanteauceau; et, pour faire perdre leurs traces, il furent encore transférés dans les châteaux de Noally de Thors, de Saint-Jean d'Angely, du Coudray, de Salbart, de Bressuire [1], d'où on les ramena enfin au château de Clisson, dans le donjon duquel ils furent étroitement renfermés. Ils y éprouvèrent les traitements les plus barbares; plusieurs fois les Penthièvre menacèrent le duc de le faire mourir dans les plus cruels supplices, s'il ne renonçait pas à la couronne en leur faveur. Dans cette affreuse situation, Jean V promettait tout, pourvu qu'on lui accordât la vie; et, dans son désespoir, il se recommandait à tous les saints; il fit même plusieurs vœux, qu'il accomplît très-scrupuleusement aussitôt qu'il eût recouvré la liberté.

La duchesse de Bretagne fit prendre les armes à toute la noblesse, et convoqua les États, et devant eux fit connaître la perfidie du comte. Elle tenait par la main ses deux fils, encore bien jeunes (François de Monfort et Pierre de Bretagne), les inondait de

(1) On ne peût s'imaginer tous les mauvais traitements que le duc eut à souffrir dans ces voyages; on le laissait quelquefois, après une marche de nuit longue et pénible, lié et garotté sur son cheval; exposé à la pluie pendant que ses conducteurs se mettaient à l'abri ou prenaient des rafraîchissements; et ce n'est qu'après les plus avilissantes supplications qu'il obtenait de ses gardes un peu de nourriture ou la permission de descendre à terre pour satisfaire ses besoins.

ses larmes en priant les États de les protéger et de ne point abandonner leur père. Tous les barons jurèrent sur la croix, de sacrifier leurs biens et de répandre jusqu'à la dernière goutte de leur sang pour délivrer leur souverain et punir les auteurs de ce crime. D'un mouvement spontané ils coururent aux armes, et investirent presque en même temps les principales forteresses des Penthièvre. Ceux-ci, espérant ralentir cette ardeur, firent courir le bruit de la mort du duc; mais ce stratagême n'eut aucun succès, et chaque jour ils apprenaient le siége ou la perte d'une place. Chanteauceau, où l'on croyait que le duc était détenu, fut si vivement pressé par le comte de Porhoët, neveu de Marguerite, que cette femme cruelle et perfide, qui s'y était enfermée, fut obligée de capituler; et, pour sauver sa vie, ses fils se virent dans la nécessité de lâcher leur proie. Jean V sortit du château de Clisson [1] et se rendit directement à l'armée

(1) Le 5 juillet 1420. Cette détention lui coûta plus de trois cent vingt-six mille livres, outre plusieurs vœux qu'il accomplit, comme de donner à Notre-Dame de Nantes son pesant d'or, et à Saint-Irvid son pesant d'argent (le duc pesait trois cent quatre-vingts marcs sept onces). Le marc d'argent fin, en 1420, était à dix-huit livres; et comme le gros d'argent était à onze deniers seize grains de loi, le marc de cette espèce devait valoir au moins

qui venait de faire le siège de Chanteauceau, et qui avait opéré sa délivrance ; mais il n'y fit pas un long séjour et donna des ordres en partant pour que ce château fût entièrement rasé (il le fit rebâtir ensuite).

De retour à Nantes, il fut reçu avec joie par ses sujets. Son premier soin fut de récompenser ceux qui s'étaient dévoués pour lui ; et, à la sollicitation des parents des coupables, il consentit à leur faire grâce, pourvu qu'ils comparûssent aux États pour implorer sa miséricorde. Ce projet d'accommodement leur fut porté au château de Clisson, dans lequel ils s'étaient retirés, par le procureur de Nantes, accompagné de plusieurs notaires. Le comte y souscrivit (le 6 août 1420) et donna pour ôtage Guillaume son frère [1] et le château de

dix-sept livres dix sols. Ainsi trois cent soixante mille livres, ou dix-huit mille six cent vingt-huit marcs vingt trente-cinquièmes, à cinquante-une livres dix-neuf sols cinq deniers onze dix-huitièmes, produiraient aujourd'hui neuf cent soixante-huit mille cent quatre-vingt-neuf livres quinze sols et neuf deniers.

(1) Ce jeune seigneur n'avait pris aucune part à ce crime, il en porta cependant la peine ; car, ôtage d'une parole mal observée, il fut détenu vingt-huit ans en diverses prisons, où, n'ayant d'autre consolation que ses larmes, il en répandit avec tant d'abondance, qu'il en perdit presque la vue.

Palluau; néanmoins, n'osant se fier à l'assurance du pardon, il ne comparut point à l'époque indiquée, et les États assemblés à Vannes le déclarèrent, lui et les siens, coupables du crime de félonie et de lèse-majesté. En conséquence, ils furent condamnés à mort; on ordonna de leur courir sus, et leurs biens furent confisqués. — Pour exécuter cette confiscation, la guerre fut résolue contre eux; et Richard, à qui le duc avait donné une partie des biens des Penthièvre en dédommagement des maux qu'il avait soufferts avec lui durant sa captivité, vint, dès le mois de septembre 1420, mettre le siége devant Clisson. Les habitants et les troupes enfermés dans le château ne se laissèrent point pousser jusqu'à la dernière extrémité; ils se rendirent à condition qu'ils auraient les biens et la vie sauve. — Le duc ratifia ce traité; il donna à Richard l'investiture de cette seigneurie, qui ne retourna plus à la maison de Clisson; et, peu d'années après ce grand revers, cette noble famille s'éteignit dans la ligne directe et masculine.

Toutes les places que les Penthièvre possédaient dans la Bretagne furent également assiégées et prises; il ne resta de l'héritage que leur avait laissé le connétable, et leur père, fils de Charles de Blois, que les biens ıs possédaient dans le Hainaut. Le dauphin abandonna, désavoua publiquement leur eprise, et se rapprocha de la maison de :agne. Pour s'attacher Richard et reconre le service que ce seigneur lui avait]u en retirant la dauphine de Paris, où avait couru les plus grands dangers lors épouvantable massacre du connétable d'Arnac et de ses partisans, il lui donna le ıté d'Étampes pour lui et ses successeurs, i que toutes les terres que Marguerite de son et ses enfants possédaient dans le Poitou.

.e duc de Bretagne se rendit au château Clisson, le 31 juillet 1431, pour con-·e avec la dame de Thouars, qui s'y était due, le mariage de Pierre son fils avec .nçoise d'Amboise.

.a même année, Jean V, qui craignait, ıdant l'absence de son frère Richard, les reprises du duc d'Alençon, donna ordre à .n Labbé, gouverneur des places que le ote d'Étampes tenait dans le Poitou, d'aller c ses troupes renfoncer la garnison de sson. Ce capitaine venait de démolir ce qui tait de masures à Chanteauceaux, afin que ınemi ne pût en profiter pour s'y fortifier. — comtesse d'Étampes [1] faisait sa résidence

.1) Marguerite d'Orléans, comtesse de Vertus,

Palluau; néanmoins, n'osant se fier à l'ass
rance du pardon, il ne comparut point à l
poque indiquée, et les États assemblés à Vann
le déclarèrent, lui et les siens, coupables
crime de félonie et de lèse-majesté. En co
séquence, ils furent condamnés à mort;
ordonna de leur courir sus, et leurs bi
furent confisqués. — Pour exécuter cette co
fiscation, la guerre fut résolue contre eux :
Richard, à qui le duc avait donné une par
des biens des Penthièvre en dédommagem
des maux qu'il avait soufferts avec lui dur
sa captivité, vint, dès le mois de septem
1420, mettre le siége devant Clisson. I
habitants et les troupes enfermés dans le ch
teau ne se laissèrent point pousser jusqu'à
dernière extrémité; ils se rendirent à conditi
qu'ils auraient les biens et la vie sauve.
Le duc ratifia ce traité; il donna à Rich
l'investiture de cette seigneurie, qui ne
tourna plus à la maison de Clisson; et, p
d'années après ce grand revers, cette no
famille s'éteignit dans la ligne directe et m
culine.

Toutes les places que les Penthièvre p
sédaient dans la Bretagne furent égalem
assiégées et prises; il ne resta de l'hérit
que leur avait laissé le connétable et le
père, fils de Charles de Blois, que les bi

qu'ils possédaient dans le Hainaut. Le dauphin les abandonna, désavoua publiquement leur entreprise, et se rapprocha de la maison de Bretagne. Pour s'attacher Richard et reconnaître le service que ce seigneur lui avait rendu en retirant la dauphine de Paris, où elle avait couru les plus grands dangers lors de l'épouvantable massacre du connétable d'Armagnac et de ses partisans, il lui donna le comté d'Étampes pour lui et ses successeurs, ainsi que toutes les terres que Marguerite de Clisson et ses enfants possédaient dans le Poitou.

Le duc de Bretagne se rendit au château de Clisson, le 31 juillet 1431, pour conclure avec la dame de Thouars, qui s'y était rendue, le mariage de Pierre son fils avec Françoise d'Amboise.

La même année, Jean V, qui craignait, pendant l'absence de son frère Richard, les entreprises du duc d'Alençon, donna ordre à Jean Labbé, gouverneur des places que le comte d'Étampes tenait dans le Poitou, d'aller avec ses troupes renforcer la garnison de Clisson. Ce capitaine venait de démolir ce qui restait de masures à Chanteauceaux, afin que l'ennemi ne pût en profiter pour s'y fortifier. — La comtesse d'Étampes [1] faisait sa résidence

(1) Marguerite d'Orléans, comtesse de Vertus,

ordinaire au château de Clisson, qu'elle affectionnait beaucoup, ainsi que son mari. Elle n'en sortit que pour aller visiter Charles VII à Poitiers (en 1425); et le fils de celui-ci, qui fut depuis Louis XI, se trouvant à Tiffauges (en 1430), passa quelques jours au château de Clisson, avec le duc de Bretagne, qui s'y était rendu de Nantes.

Richard de Bretagne, comte d'Étampes, conclut à Clisson, le 15 Février 1438, le mariage de sa fille Marguerite avec Guillaume de Châlons, fils de Louis, prince d'Orange, et mourut dans ce château le 3 Juin de la même année. Le lendemain, son corps fut transporté par eau jusqu'au port de la Fosse à Nantes, et le duc lui fit faire des obsèques magnifiques [1]. — La comtesse d'Étampes se

fille de Valentine de Milan et de Louis de France, duc d'Orléans, assassiné à Paris par le duc de Bourgogne. Elle avait épousé Richard de Bretagne.

(1) Il fut enterré dans l'église cathédrale de Nantes, à côté du duc Jean IV son père — Richard de Bretagne et le château de Clisson ont fourni à Madame Riccoboni le sujet d'un de ses plus jolis ouvrages; l'*Histoire des amours de Gertrude, Dame de Châteaubrillant*. Elle y désigne le château de Clisson sous le nom de la *Roche-forte*, nom qu'on lui donnait autrefois à cause du rocher sur lequel il est bâti. « Vers la fin, dit-elle, du règne de Charles VII, » vivait en Bretagne le sire de la Roche-forte. Il » était laid, vieux, goutteux, avare et fantasque.

retira, quelque temps après, au monastère de Longchamps avec ses deux dernières filles, Marguerite et Magdeleine.

Après la mort de Jean V (1442), le duc François son fils réunit la seigneurie de Clisson au domaine de la couronne ducale. Il mourut sans enfants, ainsi que Pierre II, son frère et son successeur. Le connétable Artur de Richemont eut à peine le temps de s'asseoir sur le trône ducal, et mourut empoisonné (1458).

François II, comte d'Étampes et de Vertus, son neveu, lui succéda. Il était né au château de Clisson en 1435 ; il était fils aîné de Richard, comte d'Étampes. Après avoir fait son entrée publique à Rennes (le 3 Février 1459), il vint promptement à Clisson pour remettre sa mère Marguerite d'Orléans en possession de cette terre, ainsi que de celle de Regnac qu'il lui donna ; et quelques jours après ils y re-

» Pendant sa jeunesse, il aima les armes. Vaillant, » même téméraire, on le distinguait à la cour par » le titre de hardi. Depuis sa retraite, ses voisins » le nommèrent Richard-le-Hautain ; et ses vas- » saux, moins polis, l'appelèrent tout bonnement » Richard-le-Mauvais. — La Roche-forte, située » entre les confins de la Bretagne et du Poitou, do- » minait une assez vaste étendue de pays. Ses de- » hors offraient l'aspect d'une prison, et tout ce » qu'elle renfermait inspirait la crainte ou le dé- » goût, etc. »

çurent la visite de Catherine d'Étampes, qui avait été mariée onze ans auparavant dans ce château au fils aîné du prince d'Orange. — Le duc et la duchesse de Bretagne firent de Clisson leur résidence habituelle; et la reine douairière de France, Marie d'Anjou, mère de Louis XI, y envoya plusieurs reliques que le duc lui avait demandées, dans l'intention de favoriser la délivrance de la duchesse son épouse. Elle accoucha heureusement dans ce château, le 29 Juin 1463, d'un fils qui fut appelé comte de Montfort, et qui mourut deux mois après, malgré les vœux et les prières que l'on fit pour sa conservation. — La grande dévotion du duc ne l'empêcha point de saisir les deniers qu'un certain abbé Chauvet, délégué du pape Pie II, avait levés en Bretagne, en vendant d'une manière sordide et scandaleuse des indulgences pour une croisade; il lui fit défense de prêcher davantage, et employa cet argent à réparer le boulevard de Nantes et les fortifications de Clisson.

François II se plaisait beaucoup à Clisson. Pour plaire à la dame de Villequier, sa maîtresse, il donnait de superbes tournois, tantôt à Cholet, tantôt à Clisson, et cette dernière ville devint le rendez-vous de tous les plaisirs. Les dames et les chevaliers y accouraient de toutes parts; le terrain situé sur la rive droite de la Moine, s'appelle encore *la Prairie des Guerriers.*

Le 27 Juin 1472, on célébra, dans la chapelle du château de Clisson les fiançailles du duc François II avec la belle Marguerite de Foix. — La même année, Louis XI écrivit au duc pour se plaindre de la grande quantité de troupes réglées qu'il avait rassemblées à Clisson.

La dame de Villequier étant morte en 1474, le duc donna la seigneurie de Clisson à François, l'aîné des quatre enfants qu'il avait eus d'elle, et qu'il aimait tendrement; et, six ans plus tard (1480), les États de Bretagne, assemblés à Vannes, voulant faire une chose agréable à leur souverain, lui envoyèrent une députation, pour le supplier de créer baron d'Avaugour, première baronie de Bretagne, François, son fils naturel, seigneur de Clisson. Le duc, ayant agréé cette proposition, lui donna encore, quelques années après (1485), le comté de Vertus en Champagne.

Au commencement du règne de Charles VIII, roi de France, le duc François II tint à Clisson une assemblée de la noblesse du comté Nantais, et le 13 Janvier 1487, le duc d'Orléans (depuis Louis XII), se réfugia dans ce même château pour se soustraire à la colère d'Anne de Beaujeu. Lorsque Charles VIII vint assiéger Nantes, la même année, il s'établit à Clisson, dont le baron d'Avaugour n'osa lui refuser l'entrée; mais il trouva mauvais que le roi s'en emparât et y mît garnison. Le mécontentement qu'il en eut le détermina à se retirer auprès du duc son père : il paraît cependant que par suite d'un arrangement fait avec Charles VIII, il consentit à laisser une garnison française dans ce château, et il reçut en dédommagement une compagnie de cent lances. Le roi, après avoir séjourné quelque temps à Clisson, en partit avec Monsieur et Madame de Beaujeu pour retourner à Ancenis, et il dirigea ensuite son armée sur Châteaubriant. — La garnison qu'il avait laissée dans le château de Clisson ne se contenta pas de garder cette place; elle fit encore des courses aux environs, et ravagea tout le pays. Pour l'empêcher de s'étendre davantage dans la campagne, et pour arrêter ses exactions et ses brigandages, le duc fut obligé de lui opposer un grand nombre de gens de guerre, commandés par ses meilleurs officiers; ce qui n'empêcha pas le roi de faire ravitailler cette garnison, et même de l'augmenter, lorsqu'il apprit que les Anglais avaient effectué un débarquement près de Guérande. — Après la bataille de Saint-Aubin du Cormier, le duc de Bretagne signa la paix avec la France. Il mourut le 9 Septembre 1488.

Anne de Bretagne, sa fille, épousa Charles VIII, visita avec lui le château de Clisson, dans le courant d'Avril 1492, et, pendant leur séjour dans ce lieu, les deux époux donnèrent des fêtes à la noblesse. Lorsque Charles partit pour son expédition de Naples, il laissa la garde de la Bretagne au baron d'Avaugour, seigneur de Clisson, et au vicomte de Rohan.

Le règne de Louis XII n'offre rien de notable pour Clisson.

François Ier vint une fois dans cette ville.

Durant la ligue, le château de Clisson tint constamment pour le roi Henri III et pour son successeur Henri IV. Toutefois, en 1562, un prêche protestant parvint à s'établir dans un faubourg de la ville, et les calvinistes administrèrent le baptême dans la chapelle de Saint-Gilles, à Clisson, dont ils s'étaient emparés, malgré l'édit de Charles IX du 14 août 1562, qui enjoignait aux ministres de sortir de Bretagne en quinze jours, sous peine d'être pendus. Charles IX, au mois d'octobre 1565, visita le château de Clisson; il était accompagné de sa mère et d'une cour nombreuse. Henri IV, n'étant encore que roi de Navarre, forma inutilement le siége de Clisson; il le leva le 2 octobre 1588. En 1595, Henri IV fit plusieurs tentatives pour amener à un accommodement le duc de Mercœur, chef de la ligue en Bretagne. Des conférences ayant eu lieu à Ancenis pour traiter de la paix, les députés que le duc de Mercœur y avait envoyés déclarèrent d'abord qu'ils n'entendraient à aucune proposition, que Hurtaud d'Offenges, commandant à Rochepot, en Anjou, pour la ligue, et qui se trouvait prisonnier et détenu dans le château de Clisson, n'eût été préalablement mis en liberté. Ces conférences n'eurent aucun résultat; et, quelque temps après, le comte de Vertus, Charles d'Avaugour [1], demanda au duc de Mercœur la neutralité pour la ville et le château de Clisson. Il s'offrait, à cette condition, de lui rendre Hurtaud, qui était toujours prisonnier; mais le duc, qui était déterminé à assiéger cette place, ne consentit, pour délivrer son ami, qu'à la neutralité de Chantocé-sur-Loire, autre château appartenant au baron d'Avaugour.

Pour s'assurer la conquête de Clisson, dont il entreprit le siége dans le courant d'Octobre 1595, le duc de Mercœur avait traité d'une trève, seulement à l'égard du Poitou, afin que cette place ne pût être secourue de ce côté,

(1) Charles d'Avaugour était le cinquième seigneur de Clisson en ligne directe depuis François I, fils naturel du duc de Bretagne, François II.

car elle ne pouvait l'être que très-difficilement du côté de la Bretagne, à cause de la Loire qui l'en sépare; mais les Espagnols qui devaient renforcer son armée ayant refusé de passer cette rivière pour le joindre, dans la crainte de s'éloigner de la Bretagne, le duc fut contraint de lever le siége de Clisson, et, pour s'en dédommager, il tenta une entreprise sur Thouars, qu'il manqua également.

En Novembre de la même année, le comte de Vertus, qui avait fort à cœur la neutralité de Clisson, écrivit aux États assemblés à Rennes pour faire comprendre cette ville et le château dans la trève qui se négociait en Anjou et en Poitou avec le duc de Mercœur : cette proposition fut rejetée, par la raison que cette place maintenait tout le pays dans le parti du roi.

Ce Charles d'Avaugour, seigneur de Clisson, se distingua beaucoup par sa valeur et sa prudence dans cette guerre. Il présida la dernière assemblée des états qui se tinrent pendant ces troubles, et fit au roi des propositions fort judicieuses pour pacifier la Bretagne. Depuis 1598, cette province fut presque toujours paisible.

Il est probable que les rois de France Henri IV, Louis XIII et Louis XIV, à l'exemple de leurs prédécesseurs, visitèrent le château de Clisson, pendant le séjour qu'ils firent à Nantes; mais, depuis la guerre de la ligue, il n'est plus fait mention de Clisson dans l'histoire de la Bretagne.

La paix qui régna dans cette province, où il n'y avait plus de frontières à défendre depuis la réunion de la Bretagne à la France, dut nécessairement faire perdre au château de Clisson son importance comme forteresse, et une habitation du XIIe siècle était devenue un séjour peu agréable; c'est probablement ce qui le fit abandonner, et la guerre vendéenne acheva de le ruiner complètement.

Cette contrée jouissait depuis deux cents ans d'un calme profond, lorsque la révolution y fit éclater, en 1793, cette terrible insurrection vendéenne. Dans cette guerre civile, l'humanité fut cruellement outragée; et ce pays, si favorisé de la nature et jadis si heureux, devint un affreux théâtre de carnage, d'incendie et de destruction. Les villes, les bourgs, les villages, les métairies, toutes les habitations disparurent dévorées par les flammes, et le fer moissonna une grande partie des habitants. Aujourd'hui que depuis de longues années la paix est revenue dans ces contrées, on voit encore à Clisson des traces nombreuses des malheurs de cette lutte.

Jamais peut-être cette ville ne se serait relevée de ses ruines, sans une circonstance toute particulière. Un Nantais, Cacault [1], passionné pour la peinture, qu'il avait cultivée à Rome pendant un grand nombre d'an-

(1) François Cacault, né à Nantes, en 1742, fut baptisé sous le nom de Françoise Cacault, et, plusieurs années après, il fallut une longue enquête, pour obtenir que son état civil fût rectifié. Il fit de très-bonnes études à Nantes, et se rendit à Paris, à l'âge de 20 ans. A 22 ans, il obtint une place de professeur de mathématiques à l'école militaire. Peu de temps après, en 1769, il eut un duel dans lequel il eut le malheur de blesser son adversaire. Il se vit alors forcé de s'expatrier, et parcourut l'Allemagne, la Sicile et l'Italie. Il arriva à Rome à pied, avec un petit paquet sous le bras, ne songeant guère alors qu'un jour il y représenterait une grande nation. Il apprit la langue italienne, fit des observations sur l'Italie, et revint bientôt en France, où le maréchal d'Aubeterre se l'attacha comme secrétaire de ses commandements. M. de Taylleyrand, qui fut envoyé en ambassade, à Naples, le prit pour son secrétaire, et, en 1791, il remplaça pendant quelque temps l'ambassadeur. Rappelé à Paris, dans la même année, il en repartit presque aussitôt pour Rome, où Basserville venait d'être assassiné. Les troupes de la coalition interceptaient toutes les routes; Cacault ne put parvenir à sa destination, et s'arrêta à Florence, où il réussit à détacher le grand duc de la coalition. Il vint ensuite à Gênes, où il résidait, à l'époque du traité de Tolentino qu'il signa avec le général Bonaparte. Rappelé en France en 1798, il fut élu, par le département de la Loire-Inférieure, député au conseil des Cinq Cents,

nées, revint à Nantes vers la fin de la guerre vendéenne ; les habitants de cette ville n'osaient encore sortir de leurs murs pour visiter leurs propriétés rurales sur la rive gauche de la Loire,

s'y fit remarquer par la sévérité de ses principes, et fut chargé le 15 août de la même année, de présenter un projet sur le mode de reddition des comptes des ministres. Après le 18 brumaire an 8 (9 novembre 1799) Cacault fit partie du nouveau corps législatif, et, l'année suivante, il fut envoyé en qualité de ministre plénipotentiaire à Rome pour négocier le concordat. Il y resta deux ans et eut pour successeur le cardinal de Fesch. Il revint à Paris, au mois de juillet 1803, et fut nommé, par le premier consul, président du collége électoral de la Loire-Inférieure, qui le présenta comme membre du sénat conservateur. Il mourut à Clisson, le 5 avril 1805. Homme probre, Cacault ne rapporta de ses missions qu'une honorable pauvreté. Il avait recueilli en Italie un grand nombre de morceaux de peinture et de sculpture, qu'il réunit dans une vaste galerie disposée à Clisson par son frère qui était peintre. Cette riche collection a été achetée par la ville de Nantes et forme une grande partie de son musée de peinture, l'une des plus belles collections départementales. On lui doit quelques ouvrages : 1° *Poësies lyriques de Ramler,* traduites de l'allemand, Berlin, 1777, in-12, dont il est question dans la correspondance de Grimm ; 2° *Dramaturgie ou observations critiques sur plusieurs pièces de théâtre, traduit de l'allemand de Lessing, par un Français, et publié par Juncker,* 1785, 2 vol. in-8° ; 3° Différents *Rapports au conseil des Cinq Cents.* Ses dépêches étaient pleines de sens, de raisons et de grandes vues.

lorsque cet artiste, qui avait entendu parler des beaux sites de la Sèvre, se hasarda seul à pénétrer dans le Bocage. Arrivé à Clisson, au lieu de trouver une ville peuplée et florissante, il ne vit qu'un amas de décombres au milieu d'un désert ; il ne rencontra pas un seul habitant qui put le guider, pas un toit qui pût lui servir d'asile ; le silence des tombeaux régnait partout ; de tous côtés les traces de l'incendie et de la destruction frappaient ses regards ; il parcourut avec effroi cette ville abandonnée et cet immense château, dont les reptiles et les oiseaux de proie se disputaient les obscurs et derniers débris. Cependant, ces vestiges sanglants et ces ruines encore fumantes ne purent affaiblir la vive impression que fit sur son esprit ce paysage admirable, et il fut si frappé de la beauté de ces sites, de ces rochers, de ces cascades, et même de ces ruines, qu'il prit sur le champ la résolution d'habiter ce séjour plein de charme et d'horreur. Les dissensions qui avaient déchiré ce malheureux canton n'étaient pas alors entièrement étouffées et pouvaient se rallumer avec toute leur force ; les routes étaient peu sûres et les excursions dans la campagne fort dangereuses ; mais rien ne put détourner Cacault de son dessein. Il choisit pour sa retraite une maison ruinée, dont les points de vue lui parurent ravissants ; il acheta cette propriété la fit réparer, et vint s'y établir en 1798. Un grand nombre d'habitants, encouragés par cet exemple, rentrèrent dans leurs foyers et en relevèrent les ruines.

Lorsque Cacault vint s'établir sur les bords de la Sèvre, le premier bâtiment que l'on vit s'élever dans ces lieux devenus déserts, fut un muséum. Les beaux arts repeuplèrent ainsi cette solitude. Il y avait à peine quelques habitants à Clisson, que déjà, sur les hauteurs de la Madelaine, un peuple de statues se voyait dans les grandes salles élevées par Cacault. Bientôt les curieux vinrent admirer les antiques et les tableaux du muséum champêtre. Des artistes, des amateurs distingués, attirés par la réputation naissante de Clisson, s'y rendirent de la capitale, et furent aussi séduits par les aspects riants et gracieux de ses campagnes. Les arts les avaient fait venir ; la nature les retint. Plusieurs d'entre eux voulurent s'y fixer ; ils y firent des acquisitions, et c'est ainsi que le château d'Olivier de Clisson est devenu la propriété de notre célèbre statuaire Lemot.

Lorsqu'on entre dans la ville, mille points de vue charmants se présentent à la fois. On cite surtout aux étrangers la Garenne, qu'a si bien ornée son possesseur ; et c'est presque là que se bornent les promenades de la plupart des curieux. Mais si l'on veut voir la nature abandonnée à elle-même, si l'on veut enfin se faire une idée de Clisson, il faut en visiter les alentours. On commence par les rives de la Moine, le plus capricieux et le plus varié peut-être de tous les ruisseaux tributaires de la Sèvre. On s'y rend par la maison Valentin, dont le perron domine la partie la plus voisine de l'embouchure de cette petite rivière. Ce qu'on en découvre est un canal étroit, ombragé en partie de saules, dont les branches pendantes flottent sur l'eau paisible. En face est un jardin en terrasse, et sur le flanc de la colline, des rochers carrés, assis en gradins à diverses hauteurs, s'associent à quelques arbres.

On sort dans le parc, à mi-côte, on erre sous de grands marroniers, et au bas s'alignent des peupliers formant un rideau, qui cache et fait désirer la vue de la Moine qui traverse ce parc. Des rochers éboulés sont descendus dans le fond du bassin; des joncs végètent sur leurs interstices; quelquefois ces rochers se réunissent en un ilot, qu'ombragent de légers groupes d'arbres. En approchant de la rivière, le coteau, qu'on remarquait en la côtoyant, se débarrasse des marronniers et se hérisse d'un amas de rochers irréguliers entassés les uns sur les autres. — Au-dessus de ces ruines naturelles on aperçoit une vieille masure qui fait suite à leur escarpement.

S'il n'y a pas de paysage vraiment intéressant sans qu'il y ait des ruines, on peut dire aussi qu'il y a peu de ruines qui s'allient aussi bien au paysage que celles du château, qui, ne cessant de se faire apercevoir, jette dans l'âme tant de réflexions. Ce qui rend surtout ce paysage à jamais célèbre, c'est la profusion avec laquelle la nature s'est plu à y réunir des beautés de tous les genres, beautés qui sont aussi de tous les siècles, de tous les âges, de tous les goûts; auxquelles personne ne peut être insensible; auquelles, depuis le Poussin, aucun artiste ne peut s'empêcher de venir rendre hommage.

Il est en effet probable que le Poussin, qui a peint plusieurs vues de Nantes, avait soigneusement étudié les sites de Clisson. On les retrouve du moins dans la plupart de ses compositions. Le paysage de son tableau de Diogène brisant sa tasse, est une vue exacte du château de Clisson : c'est une remarque de M. Lemot, et cet académicien, qui a longtemps habité l'Italie, ne trouve que Tivoli, l'ancienne Tibur, qu'on puisse comparer au Clissonnais. Ce sont ici, comme dans les Apennins, des coteaux ombragés ou couverts de vignes, de fraîches vallées, des retraites solitaires, des rivières, des ruisseaux, des cascades, des lacs, des grottes, des rochers, le chêne étalant le luxe de son feuillage, le peuplier s'élançant dans les airs, des fabriques isolées au milieu des vallons ou groupées en amphithéâtre sur les collines parmi des masses de verdure. Chaque site, chaque instant, varient les effets de la lumière; chaque pas offre de nouveaux points de vue et des accidents pittoresques de différents genres. C'est un vaste tableau dont toutes les parties sont harmonieusement liées, et dont chaque partie peut s'isoler pour former plusieurs tableaux.

En se rendant des rives de la Moine à celles de la Sèvre, la ville de Clisson paraît sous l'aspect le plus agréable; elle forme un demicercle; le château qu'on ne peut perdre de vue dans quelque lieu qu'on soit, occupe l'extrémité de cet arc. A côté de lui est un temple, construit à la place de l'ancienne chapelle de Saint-Gilles, où ont été déposées les cendres du sénateur Cacault et celles de son frère et plus tard celles de M. Lemot : de l'autre côté, la ville se montre tout entière avec ses clochers à l'italienne. La maison Valentin paraît au nord avec ses belvédères, ses fenêtres en cintre, ses terrasses, ses arcades qui jettent tant de jour dans l'ar-

5*

chitecture et qui rappellent le beau climat et les constructions riantes de l'Italie.

Au milieu des arbres frais et touffus qui s'élèvent du fond du vallon, ou qui revêtent la pente des côteaux, on aperçoit de jolies fermes : leurs toits rouges, leur construction pittoresque, donnent à la contrée un air étranger qu'augmentent encore les pentes droites et immobiles des mélèzes, des sapins et des cèdres. Sur les bords de la Sèvre, une borne milliaire retrace une voie romaine; des lilas, des rosiers bordent les sentiers qui conduisent à la grotte d'Héloïse, et une pyramide surmontée d'une croix rend hommage à l'amour que les habitants de la Vendée ont conservé pour la religion de leurs pères.

Après avoir visité la grotte d'Héloïse, la chaumière et le temple de Vesta, la belle maison de M. Lemot vient soudain frapper les regards. Placée dans une situation admirable, ce bâtiment élégant a été construit sur les dessins du fils de l'ami de M. Lemot, M. Bouchet. Sa façade, d'un style à-la-fois simple et majestueux, est surmonté d'un charmant belvédère qui domine tout le pays. C'est de là que l'homme de bien, qui donnait la vie à tout ce paysage, aurait embrassé d'un coup d'œil toute la contrée qui lui devait son bien-être; c'est dans cette enceinte que l'ami et le rival des plus célèbres artistes français eût rassemblé souvent des hommes distingués que son nom eût attirés dans ces lieux : mais un instant a tout détruit!... Ce bâtiment demeure inachevé, puisse son fils réaliser un jour ses brillants projets !

En face de cette maison, on aperçoit le temple où reposent les restes de M. Lemot [1]

(1) LEMOT (le baron François-Frédéric), statuaire, membre de l'institut, professeur à l'école royale des beaux-arts de Paris, officier de l'ordre de la Légion-d'Honneur, chevalier de l'ordre de Saint-Michel, naquit à Lyon, le 4 novembre 1771. Son père était un maître menuisier de cette ville, qui, étant venu à Paris pour s'y fixer, emmena avec lui son fils, à peine âgé de douze ans. Dans l'intention où il était qu'il embrassât sa profession, il parvint à le faire recevoir à l'école gratuite de dessin pour lui faire apprendre la géométrie pratique et l'ornement; mais le hazard détermina la carrière que devait suivre cet enfant : un jour qu'il était allé visiter le parc de Sceaux, MM. Julien et Dejoux, qui s'y promenaient avec plusieurs autres artistes distingués, le trouvèrent dans le bosquet d'Éole et de Scylla, dessinant le fameux hercule gaulois, du célèbre Pierre Puget. M. Dejoux charmé de cette ébauche, lui proposa d'entrer à son école, ce que le petit élève accepta avec de grandes marques de joie et de vifs témoignages de reconnaissance. Sous un tel maître, ses progrès furent immenses : après quatre ans d'études seulement, il ne craignit pas de concourir pour le grand prix de sculpture, en 1790. Le sujet proposé par l'académie était le jugement de Salomon. Lemot,

et ceux des deux frères Cacault. Tout près de là est une colonne qui supporte le buste de la statue de Henri IV.

âgé de dix-neuf ans, offrit son bas relief, qui fixa l'admiration et tous les suffrages de ses juges; la couronne lui fut décernée. Présenté à la reine Marie-Antoinette et au Dauphin, bientôt il alla à Rome, comme pensionnaire du roi, perfectionner un talent qui donnait de si belles espérances. Lemot, se formant à Rome sur les grands modèles, s'initiait depuis trois ans à l'art si difficile du statuaire, lorsque en 1793 la révolution, se développant dans toute sa fureur, porta jusqu'en Italie ses funestes éclats. Le 13 janvier 1793, la population romaine, après avoir assassiné l'ambassadeur de la république, le malheureux Hugon de Basseville, se porta sur-le-champ à l'académie de France, y mit le feu, poursuivit et maltraita les élèves quelle y trouva. Naples et ensuite Florence, servirent d'asile à Lemot et à ses confrères. Dans cette dernière ville, dénué ainsi qu'eux de toutes ressources, ils s'adressèrent à l'envoyé de la république auprès du grand-duc, afin d'en obtenir des secours, qui furent si insuffisants, que Lemot se détermina à se rendre à Paris, pour solliciter du gouvernement une pension qui permît aux élèves de l'académie d'achever leurs études en Italie. A peine de retour, frappé par la réquisition, il n'eut que le temps d'obtenir l'objet de ses sollicitations, et partit pour l'armée du Rhin, commandée par le général Pichegru. Il y servait aux avant-postes comme artilleur, lorsqu'en 1795 la république, voulant ériger une statue colossale en bronze, représentant le peuple français, sous la figure d'Hercule, lui donna ordre de revenir dans la capitale : cette statue de cinquante pieds de proportion, devait être placée sur le terre-

Sur la droite de ce délicieux panorama, apparaissent les hautes tourelles de l'antique

plein du Pont-Neuf; elle ne fut point exécutée. La convention avait appelé pour la confection de ce colosse, le concours de tous les artistes. Sous le gouvernement du directoire, Lemot fut chargé de faire, pour la salle du conseil des Cinq-Cents, le modèle en plâtre de la statue de Numa-Pompilius. Sous le consulat, il exécuta pour la salle du tribunat, au Palais-Royal, une statue en marbre de Cicéron, au moment où cet orateur fait tonner dans le sénat sa catilinaire. Il fut encore chargé sous le consulat, du modèle en plâtre d'une statue de Léonidas aux Thermopyles, pour la salle des délibérations du sénat conservateur, et, pour le vestibule du palais, d'un bas relief, représentant deux renommées, dont on admire le style et le dessin. Sous le gouvernement impérial, il fit pour la salle des séances du corps législatif, les modèles en plâtre des statues de Lycurgue et de Brutus, toutes deux de six pieds de proportion. On y remarque un dessin pur et des draperies d'un excellent style. Il fit encore pour la tribune du corps législatif un bas relief allégorique en marbre, d'une belle ordonnance; le buste de la liberté, posé sur un socle élevé, occupe le milieu de cette composition; au-dessous est un médaillon, présentant l'image de Janus; deux figures de femmes, de grandeur naturelle, la Renommée à droite et l'Histoire à gauche, publient et transmettent aux siècles à venir les hauts faits de la république française; enfin deux enseignes militaires, surmontées d'un coq aux ailes déployées, ornent le fond de ce bas relief, qui est tout-à-fait dans le goût de ceux du célèbre Goujon, et qui est un des plus beaux morceaux qui soient sortis des mains de cet artiste. Tant château du connétable avec leur couleur rougeâtre et leurs créneaux festonnés de lierre;

de compositions remarquables dues au ciseau de cet habile sculpteur lui ouvrirent, en 1805, les portes de l'institut. M. Lemot est auteur du char et des deux figures de la victoire et de la paix, qui accompagnaient sur l'arc de triomphe du Carrousel, le célèbre quadrige de bronze du portail de l'église Saint-Marc à Venise. Ces trois morceaux, en plomb doré, furent mis en place sur la fin de l'année 1808. Vers le milieu de 1810, ce sculpteur termina l'immense bas relief qui remplit le tympan du fronton du Louvre, du côté de Saint-Germain-l'Auxerrois. Ce superbe ouvrage, désigné par le jury pour le grand prix décennal, offre vingt-quatre mètres de longueur sur cinq de hauteur; on en admire le grandiose et la légèreté. Par décret impérial du 8 septembre 1810, Lemot fut donné pour successeur à Chaudet, que la mort venait d'enlever, et qui remplissait à l'école des beaux-arts de Paris la place de professeur de sculpture. Dans cette même année, l'académie de Lyon fit l'honneur d'admettre au nombre de ses membres associés celui qu'elle avait vu naître dans ses murs. En 1811, il fut chargé de faire la statue de Murat; peu de temps après on lui commanda la sculpture de l'arc de triomphe sur le pont de Châlons-sur-Marne, détruite par les alliés en 1814. Il exécuta pour Dunkerque le buste colossal de Jean Bart, ainsi que le modèle en plâtre de la statue du général Corbineau, aide-de-camp de Napoléon, tué à la bataille d'Iéna. En 1814, le roi et l'académie des beaux-arts choisirent ce savant artiste pour l'exécution de la statue de Henri IV : il lui fut compté, pour le prix et les frais de son travail, 337,870 fr. L'inauguration de cette statue eut lieu le plus loin, on découvre sur un coteau élevé l'ancien musée des frères Cacault; et si le voyageur demande où était la demeure du premier

25 août 1818, en présence du roi. La ville de Lyon ayant résolu d'élever sur la place Bellecour la statue équestre en bronze de Louis XIV, elle confia ce travail à Lemot, auquel on adjugea une somme de 373,750 fr. Le roi de Prusse ayant vu cette statue dans l'atelier de cet artiste, lui dit : « Quand on fait un si bel ouvrage, on coule sa réputation en bronze. » Elle fut posée sur son piédestal, le 4 novembre 1823. Le cheval est une imitation de celui qui porte Marc-Aurèle, dans la cour du Capitole à Rome; la noblesse et la majesté sont empreintes dans la pose du roi. Une Hébé en marbre, versant le nectar à Jupiter transformé en aigle; une femme couchée, et plongée dans une douce rêverie, où l'on reconnaît la pose de cette figure antique dite la Cléopatre, sont encore sorties du ciseau de cet artiste; il y faut joindre une statue colossale d'Apollon, en marbre, qui n'est point terminée. Il a fait aussi pour la chapelle expiatoire construite à Paris, dans la prison de la conciergerie, l'esquisse entière d'un groupe de la religion et de la reine de France, Marie-Antoinette. Lemot mourut à Paris, le 6 mai 1827, des suites d'une chûte qu'il fit à la pose de la statue de Henri IV. Selon ses vœux, ses restes furent transférés à son beau château de Clisson, que le roi avait érigé en majorat la veille de sa mort, et son corps a été déposé dans un tombeau qu'il s'était préparé lui-même. Ainsi que Michel-Ange, Lemot joignait à son art un esprit orné, un style pur et élégant. Il publia sous le voile de l'anonyme, en 1817, une Notice sur la ville et le château de Clisson, imprimée à Paris, chez P. Didot

bienfaiteur de Clisson, de celui qui en révéla les beaux sites à l'admiration des étrangers, et consacra sa fortune à réparer dans cette petite cité les maux qu'avait causés la guerre civile, les vieillards vous montreront une modeste chaumière qui, non loin du musée, paraît à travers le feuillage. C'est là que celui qui fut le représentant de la nation française près des souverains étrangers, venait oublier son rang, sa dignité, et cacher sa vie au milieu de ces vallons qu'il chérissait, de ces bons campagnards qu'il avait rappelés dans leurs foyers.

La ville de Clisson est remarquable par l'extrême propreté des maisons du peuple, par l'union et la concorde qui règnent entre les habitants, et par l'aménité de ceux-ci envers les étrangers. Le sol des environs est assez fertile : on ne s'y livre pas à l'éducation des chevaux, mais on y élève quelques taureaux et génisses. L'industrie de Clisson consiste en fabriques considérables d'étoffes de laine dites calmouks de Clisson, en filatures de coton, en belles papeteries et en tanneries.

On construit maintenant à Clisson un fort

aîné, 1 vol. in-4°, accompagné de 31 vues dessinées par Thienon et gravées par Piringer, qui se vend à Nantes, chez Forest, libraire, quai de la Fosse, 2.

beau pont en pierres. Ce pont, destiné à relier deux coteaux, évitera aux voitures une descente roide et pénible. Il se compose de quinze arches, et voici ses principales dimensions : il a été pratiqué dans les quinze arcades qui forment ce viaduc un évidement longitudinal qui, au lieu de voûtes cylindriques, donne des voûtes d'arrêtes, et pour pied-droits des supports isolés. — L'évidement des voûtes est opéré par une ogive génératrice dont le plan vertical, perpendiculaire aux têtes du viaduc, se meut en glissant sur le plan incliné, passant par les axes des voûtes cylindriques; cette ogive à 4^m 20^c d'ouverture et 3^m de montée; elle est formée de deux arcs de cercle de 3^m de rayon, assis sur un prolongement rectiligne de 0^m 15^c de hauteur. — La longueur du pont, entre le nu des culées, est de 106^m 80^c. — Sa largeur est de 8^m 70^c entre les têtes; 8^m 20^c de voie entre les parapets qui ont chacun 0^m 40^c, et sont en encorbellement de 0^m 15^c. — Hauteur de l'arche la plus élevée (la hauteur est prise au-dessus du trottoir), 15^m 50^c au-dessus de l'étiage; 17^m 80^c au-dessus des fondations.

On fait à Clisson le commerce de grains, cuirs, laines, fils, grosses étoffes de laine et droguets fabriqués dans les environs.

Il se tient à Clisson, trois fois par semaine, un marché de bœufs. C'est de ce pays qu'on tire en grande partie ceux qui approvisionnent la capitale.

FIN.

www.ingramcontent.com/pod-product-compliance
Ingram Content Group UK Ltd.
Pitfield, Milton Keynes, MK11 3LW, UK
UKHW021113200726
13857UKWH00003B/1223

9 782013 046312